日本は韓国だったのか 韓国は日本だったのか

かつて日本語は
海を越えて話されていた

李起昇

日本は韓国だったのか
韓国は日本だったのか
目次

■本書で使用する語句の定義
韓国……大韓民国をさす。

北朝鮮……朝鮮民主主義人民共和国をさす。

朝鮮……韓国と北朝鮮の両方をさす。

古朝鮮……朝鮮民族が西暦紀元ゼロ年頃より以前に支配したり影響力を及ぼしていた領域をいう。

倭語……倭人が話していた言葉。後の日本語。

扶余語……扶余人およびその流れをくむ子孫たちが話していた言葉。後の朝鮮語。

装丁・デザイン／野村道子
DTP／茂呂田剛［有限会社エムアンドケイ］

初めに

この著作の結論は、日本は日本であり、朝鮮の派生物ではない、というものである。多くの日本人は、そんなの当たり前だ、何を寝ぼけてんだ？　と思うだろう。学校で習った歴史では、日本は最初から日本だという前提で教えているからだ。日本が日本ではない、なんて疑ったこともないだろう。

しかし在日コリアンの一世がまだ元気だった頃、在日の知識人たちは、日本は朝鮮の派生物で、天皇陛下は朝鮮人だ、といっていた。その根拠として日本の資料を上げ、奈良の都の八割が渡来人や渡来系だからというのだった。つまり日本人の八割は朝鮮人で、親分である天皇陛下も当然朝鮮人で、日本はそうやってできた国だというのである。それが証拠に百済《くだら》を「ひゃくさい」と呼ばず、「くだら」と呼んでいる、というのである。百済以外は、新羅は朝鮮語の「新羅《シルラ》」が転じたものだし、「高句麗《こうくり》」は「高句麗《コグリョ》」が転じたものだ。百済《くだら》だけが朝鮮語の発音「百済《ペクチェ》」からかけ離れている。「百済《くだら》」という発音は、違う意味から来ている。それは「クンナラ」である。「クンナラ」が訛って、「くだら」となったのだ。「クンナラ」というのは、「大国」あるいは「本国」という意味だ。日本は百済《くだら》を「本国」と呼んでいたのだ。それはつまり、日本が百済《くだら》から出てきたということを示している、というのであった。

筆者は、ほんまかいな、と思った。仮にそれが本当だったとしよう。それならば、飛鳥や、奈良の都で話されていた言葉は朝鮮語だったはずである。然るに、現代の日本の言語は日本語である。古代日本で共通言語だった朝鮮語が、いつどのような理由で、日本語に置き換わったのだろうか？　それとも日本語は朝鮮語から派生した言語だといえるのだろうか？　これの説明ができない限り、日本が朝鮮から派生したなどという説は信じがたいのである。

次いで大和朝廷である。学校の歴史では、四世紀ごろ畿内に政権ができていたと、あたかも日本国内から自然発生的に出て来たような教え方をしている。これについても筆者は、ほんまかいな、と思ったのである。日本の人口の八割が朝鮮人だったのなら、文化も文明も日本より進んでいた連中が、異民族である倭人をそのまま王として放置しておくだろうか？

インカ帝国は一〇〇〇万人を超える人口を擁していたが、わずか一七〇人程度のスペイン人に滅ぼされた。一七〇万人ではない。たったの一七〇人である。正確には一六八人である。

日本の奈良時代の人口の八割が朝鮮人で、しかも朝鮮の方が文化も文明も圧倒的に進んでいたのだから、当然、渡来人は天皇を自分たちと同族の人間に置き換えるだろう。然るに教科書は、日本から自然発生的に出てきた天皇が、自分たちよりも高度な文明と文化を持った異民族である朝鮮人を従えていたというのである。いったい、天皇は、圧倒的大多数の、自分たちより遙かに優れた異民族を、どうやって支配することができたのだろうか？これはインカ帝国が、自分たちよりも文明が優れており、かつ圧倒的に多数派だったスペイン人を支配していた、といっているのに等しい。

そして更に教科書は、そんな大和朝廷が朝鮮半島に進出し、任那《みまな》を支配下に置いていたというのである。あり得ない、と筆者は思った。天皇陛下は朝鮮人だ、と考える方がまだ合理的である。それならば渡来人の全員は天皇に協力し、自分たちがもと居たところを侵略するのに協力したとしても、ありうる話になる。しかしこう考えると、現代の日本で日本語が話されていることを説明できなくなる。

学校で習ったことに疑問を感じ、在日コリアンの一世が言うことにも疑問を感じ、何かがおかしいと思いながら、時は過ぎた。折にふれて歴史書を読んでみるのだが、疑問はいつまでも解けることがなかった。

現在存在する証拠が、矛盾なく成り立つ仮説はないものかと、筆者は頭を悩ませた。
①古代日本の八割は朝鮮人である。朝鮮人は朝鮮語を話していた。
②現代日本で使われている言葉は日本語である。
どちらも事実なら、古代に話されていた朝鮮語はある日、忽然と姿を消し、そして日本語が使われ出したことになる。言葉は、親から子へと受け継がれていくものである。それがある日突然、どこかで入れ替わるなんてことは、異民族から支配されたことがない日本では、あり得ない、と思う。しかしこの矛盾する証拠が同時に成り立つ仮説があるはずだ、とは思うものの、それは長い間思いつけなかった。

その内に、大和朝廷は、騎馬民族が日本を征服して打ち立てたものだ、という説を知るようになった。天皇陛下は朝鮮人だった、というわけである。東大の日本人のえらい先生が言っているのだから、これは衝撃的なことだった。しかし、この説が正しいとしても、②の疑問は解消できない。

天皇陛下も、日本の人口の八割も、どちらも朝鮮人だったのなら、現代の日本では、朝鮮語が使われていなければならないはずである。しかし事実は異なる。国語学者である大野晋氏の『日本語の起源』という本を読んで、日本語が朝鮮語から派生した言語だと、いえないということも理解した。騎馬民族征服王朝説は疑わしいと、筆者は考えた。

更に時がたち、大和朝廷は、北九州の倭人が打ち立てたものだ、という説が出てきた。大和朝廷の日本国内自生説を具体的に論証したのである。

さて中国の歴史書である旧唐書《くとうじょ》には「日本が倭国を併合した」と書かれている。しかし新唐書《しんとうじょ》には「倭国が日本を併合した」と全く逆のことが書かれている。騎馬民族が大和朝廷を立てたのなら、それは任那日本府の騎馬民族が倭国を支配したということであり、旧《く》唐書《とうじょ》が正しいことになる。この場合新唐書《しんとうじょ》は間違いである。

しかし北九州の倭人が大和朝廷を立てたのなら、新唐書《しんとうじょ》の「倭国が日本を併合した」という記述が正しいということになる。北九州の倭人が日《ひ》の下《もと》の草香《くさか》の地を攻略したからである。この場合旧唐書《くとうじょ》は間違いである。

ここでまとめてみる。

③旧唐書《くとうじょ》は「日本が倭国を併合した」としている。

④新唐書《しんとうじょ》は「倭国が日本を併合した」としている。

この二つは両立しない。どちらかが間違いだろう。しかし、である。中国の歴史官がプライドを賭けて作成した記録である。司馬遷の後裔《こうえい》が、そんなに簡単に間違いを犯すだろうか？　もしかしたら、どちらも正しいのではないだろうか？　もしそうであるならば、それを満たす仮説としてはどのようなものがあるだろうか？

もどかしい限りだが、幾ら考えても適当な仮説を思いつけなかった。

ある日すべての矛盾を満たす仮説を思いついた。分かってみると、すべての事実は、ある一つの事実を示していた。それは、自分が知る限り、これまで誰も指摘したことがない事実であった。

今回の仮説を思いつけたのは、歴史学者である網野善彦氏の日本史の本に接したことが大きかった。網野氏の本を読まなければ、ここに書いた仮説には至れなかっただろう。

尚、本文では慣例に倣い、諸先生方の敬称は「氏」で統一した。

網野氏の著作というのは外来的な要素である。これ以外に内在的要素として、自分がこれまでに獲得した二つの要素が合わさっていると思っている。

一つは筆者が生業《なりわい》として、公認会計士をしている、ということがある。会計士は監査をする。監査では先ず、数字を見ると、使える数字か使えない数字かを検討する。この過程で多くの内部統制の不備が見つかる。内部統制というのは、簡単にいうと管理態勢のことである。筆者は監査を日常的にしていたので、ある証拠を見せられた時に、それが使える証拠か、使えない証拠かを反射的に検討するようになっていた。これは歴史の証拠を扱う上では大いに役に立った。本文でも検討しているが、朝鮮側の主張の多くは、証拠としては使えないものだった。そんなものを証拠として採用していては妥当な結論に行き着くことはできない。会計士をしていなければ、示された証拠をそのまま証拠として扱っていたことだろう。

さて監査では、目の前の数字が使える数字だということになると、数字間に矛盾が生じない仮説を立て、その仮説が他の数字間でも成り立つか否かを確認する。この過程ではシステムそのものの不備が見つかることがある。システムに問題が無く、仮説も成り立たなければ、違う仮説を立てる。そうやって数字が事実を反映しているかどうかを突き詰めていく。この手法はそのまま歴史を探る上で使えた。仮説、立証の繰り返しで、使える証拠がすべて成り立つ仮説を打ち立てるのに役立った。

今ひとつには、筆者が在日コリアンで、尚かつ韓国語ができた、ということが大きかった。古代史の場合、遺跡の発掘で日韓の交流があるから、言葉が出来る人もそれなりにいるだろう。それ以外でも留学したり、個別に学んだりして出来る人もいるだろう。しかし怖らくは、使う言葉は標準語だろう。これとは異なり、在日コリアンの標準語は、慶尚道方言か、済州島方言、あるいは全羅道方言である。この三つの地域で、戦前からの在日コリアンの出身地は九割程度カバーされる。在日一世でソウル語を話す者は希だった。筆者は子供の頃は言葉ができなかった。成人してから勉強をし、後天的にできるようになった。だから方言に詳しいわけではない。しかし幼い頃に大人が口汚く罵り合っていた、悪い言葉は耳の底に残っていた。それで日本書紀に慶尚道方言の悪口が書かれているのに気がつくことができた。日本の古代史を探るには、韓国語の知識は不可欠である。日本書紀を読んで、そう感じた。

また、在日コリアンという環境は、日本語と朝鮮語が飛び交っている環境である。このことから、古代に於いて両国語が飛び交っている状況を、現代に照らして合理的に推測することができた。一つの言語環境にしかない者には、このような状況を推測するのは難しいだろうと思う。在日コリアンであったが故に思いつけた仮説だと考えている。

学校で習った歴史のおさらい

この本で扱うのは、古代の日本と、朝鮮、中国などである。歴史は学校で習ったきりで、もう忘れているという人のために、簡単に復習をしておきたいと思う。

図一は、卑弥呼（不明～二四八）の時代の中国東北部から朝鮮半島にかけての図である。中国は後漢（二五～二二〇）の時代である。このあと日本では古墳時代があり、大和朝廷

図一　魏志東夷伝による朝鮮

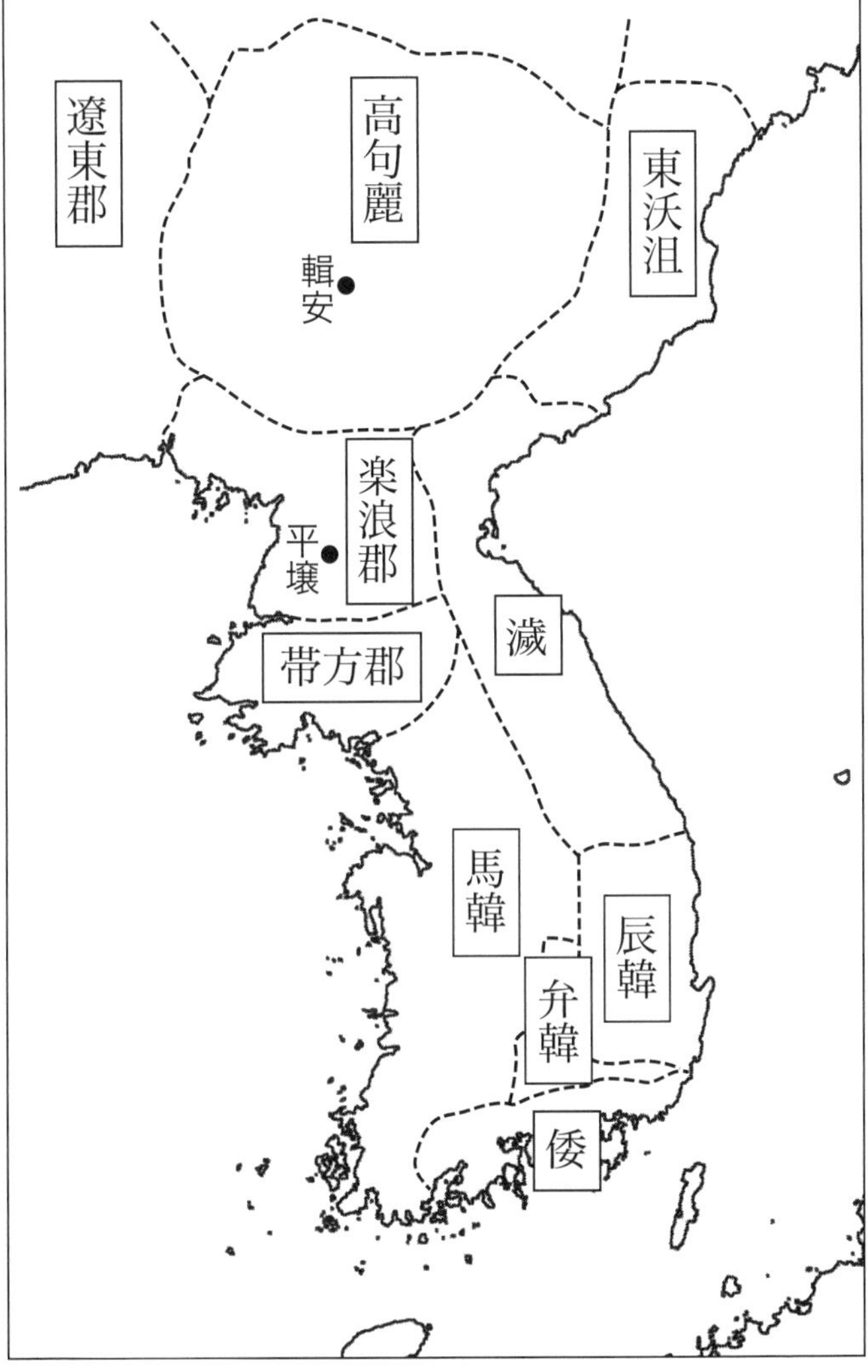

の時代になる。中国の史書にこの頃の日本の記録はあまりなく、専ら遺跡によって、当時を推測するばかりである。

大陸ではこの後、高句麗が力をつけていき、広開土王《こうかいどおう》の時代（在位三九一～四一二年）に領土を最大にする。図二がその領土である。この頃の中国は北は五胡十六国の時代であり、南は東晋である。高句麗が国境を接していたのは後燕（三八四～四〇七年）と北燕（四〇七～四三六年）である。この頃日本では畿内で大和朝廷が力を蓄えていた時期になる。

言葉ですらすらと説明しても分かりにくいので、朝鮮の三国と日本とを年表形式で比較してみよう。

図二　高句麗最大版図

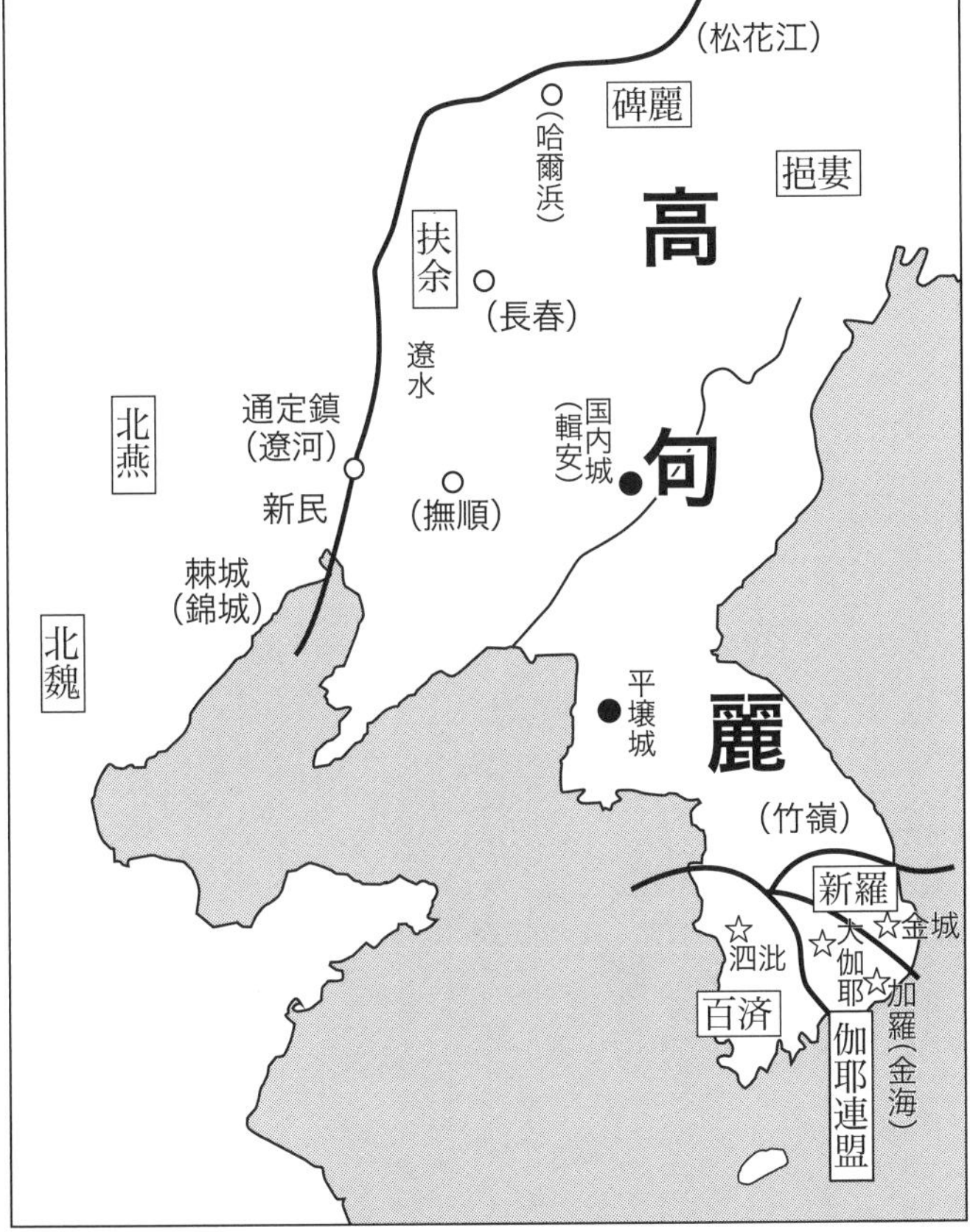

（松花江）
碑麗
（哈爾浜）
挹婁
高
扶余
（長春）
遼水
通定鎮
（遼河）
北燕
国内城
（輯安）
句
新民
（撫順）
棘城
（錦城）
北魏
平壌城
麗
（竹嶺）
新羅
金城
泗沘
大伽耶
加羅
（金海）
百済
伽耶連盟

	中国	高句麗	百済	新羅	日本
紀元前二〇六	漢建国				
紀元前六九				新羅の前身建国（伝承）	
紀元前三七		高句麗建国			
紀元前一八			百済建国		
二五	後漢始まる				
一八四	魏呉蜀の三国時代始まる				
二三八					卑弥呼「親魏倭王」に任じられる
三世紀中頃					古墳時代始まる
二六五	晋建国				
三一三		高句麗、楽浪郡、帯方郡を滅ぼす			
三一七	五胡十六国、東晋始まる				
三六九			近肖古王、倭に七支刀を贈る		
三七一			百済の近肖古王、高句麗の平壌へ攻め込み高句麗王を殺す		
三九一		広開土王が、海を渡ってきた倭を倒す			
四世紀					前方後円墳出現
四〇四					百済から文字が伝わる
四一三－五〇二					倭の五王中国に使者を派遣
五〇三				新羅という国号を用い始める	

年表一

四三九	南北朝始まる				
四七五		高句麗が百済の首都を陥落させ、百済王を殺す			
五一二					百済に任那四県を割譲し、五経博士を招来
五二七					磐井の乱 任那の救援が一年遅れる
五三八					仏教伝来
五四〇				新羅が任那を併合する	
五六二					任那が滅ぶ
五八一	隋建国				
五九二					飛鳥時代始まる
六一二	隋、約三百万の軍勢で高句麗を攻めるも大敗。これを契機に内乱勃発。隋が滅ぶ要因となる。				
六一八	唐建国				
六四四	第一次高句麗攻撃。大敗を喫する				
六四五					大化の改新
六四八				金春秋使者として倭国を訪問	
六五四				武烈王(金春秋)即位	
六六〇			百済滅亡		
六六一	第二次高句麗攻撃。敗退する				
六六三					白村江の戦いで敗北
六六七	第三次高句麗攻撃。翌年、首都平壌陥落				
六七六	新羅、唐軍を半島から駆逐して統一を完成する				
七一〇					奈良時代が始まる

日本は飛鳥時代になるまでは、遺跡の発掘や、日本書紀の記述でしか歴史がよく分からない。日本書紀は意図的に年代をずらしたりしているので、書かれていることの総てをそのまま信じることはできない。

とりあえず日本書紀によると、神の命により、天照大神《あまてらすおおみかみ》が高天原《たかまがはら》を治めるようになった。これを天孫降臨という。高天原《たかまがはら》は宮崎県に比定されている。天照大神《あまてらすおおみかみ》から五代あとの神武《じんむ》天皇は、東にいい土地があると聞いて、東進し、畿内に大和朝廷を建てた。こうして天皇家が始まった。この話は、ある程度の史実を反映しているものの、神話だとみられている。また初代の神武《じんむ》天皇から第九代の開化天皇までは創作された人物だとみられている。第十四代の仲哀《ちゅうあい》天皇の后である神功《じんぐう》皇后は新羅に攻め込み、周辺の土地を支配下に置いた。一般にこれを三韓征伐と呼ぶが、これも史実だとは見られていない。

大和朝廷ができた頃の日本海側には出雲の大勢力があり、北部九州には後に磐井《いわい》の乱を起こす、大勢力がいた。出雲は大和朝廷に国譲りをし、戦わずして、平和的に大和朝廷の傘下に入った。出雲が国譲りをした時期は不明である。古事記や日本書紀によれば、神武天皇より前の、神さまの時代に行われたことになっている。この点については本文で検討しているが、筆者は高句麗の広開土王が、倭が渡海してきたのを打ち破ったころ（三九一年）のことだろうと推測している。出雲を傘下に入れた大和朝廷は、近畿、中国地方に及ぶ勢力を持ち、任那《みまな》を通じて朝鮮半島とも大きな関わりを持っていた。

五世紀になると大和朝廷は地盤を固め、畿内と中国地方の支配者として機能していたと見て良いだろう。それは倭の五王と呼ばれる五人の王が、中国に使者を派遣して、官位を得ようと外交活動を活発化していた事から知ることができる。大和朝廷は、俺たちは新羅や百済の派生物ではない、と自己主張を始めたのだった。それで百済や新羅と同等かそれ以上の官位を中国に求めた。

一方で朝鮮半島には任那《みまな》という、非常に仲の良い地域があった。任那《みまな》という地名は、日本書紀にしか出てこない。それで当然のことながら韓国や北朝鮮は、その存在を認めない。ともあれ、大和朝廷は熱心に、大陸の文物を受け入れた。また任那《みまな》を守ろうと努力をするものの、結局は失敗してしまう。新羅が任那《みまな》を攻めて来た時は、それを救おうと軍隊を派遣するのだが、北九州の磐井《いわい》に阻まれて、援軍を送れなかった。この磐井《いわい》の軍を倒すのに、大和朝廷は一年間かかっている。任那《みまな》が大変だから、全力で攻めたであろうに、それでも一年かかっている。この事実は、北九州の倭人が大和を攻略して大和朝廷を立てた、という仮説を検討する際に、重要なところである。

新羅の建国は、伝承では古い。これは韓国の歴史書である三国史記によるものであるが、建国年度の信頼性は低い。あくまでも書かれたことをそのまま西暦に換算するとこうなるという程度である。

新羅《しらぎ》は半島では最後発の国家で、日本海側に面した辺境の土地にある。西は山脈に阻まれ、百済や高句麗の土地に出るのに難渋するようなところである。新羅が力をつけてくるのは、六世紀の初頭ごろからである。この国がやがて三国を統一する。どうしてそんなことができたのか、というのは大いに疑問なのだが、筆者が知る限り、この疑問を真っ向から取り扱った書物を知らない。一般的には花郎《ファラン》という若者を鍛える組織があったからだ、といわれているが、そのような組織は新羅にしかなかった。高句麗にも、百済にも存在しない。なぜ新羅にだけ花郎《ファラン》が存在し得たのか、ということは、謎である。この点については本文で考察を加えている。

花郎《ファラン》というのは、現代的にいうなら、中間管理職である。彼らが戦場で、先頭を切って勇猛果敢に戦ったので、その部下も勇猛に戦った。中間管理職の士気の高さで、新羅は百済に勝ち、高句麗の首都を陥落させ、同盟国であった唐を半島から駆逐することができた。その勢いに怯えて、日本は白村江《はくすきのえ》の戦いで敗れてからは、対馬や北部九州に山城や防塁を建設する。この建設や防御のために東国からかり出された人たちが防人《さきもり》である。万葉集の中に多くの歌を残した防人《さきもり》は、こうした時代背景があって生まれた。七世紀の日本は新羅に攻め込まれるかもしれないという、緊張状態に置かれていた。

百済《くだら》の建国は三国史記によると紀元前一八年である。これは信じてもいいだろうと思っている。それは百済の初代王が高句麗初代王（在位、紀元前三七〜紀元前一九年）の子供だからである。しかし百済が国として力をつけるのは、近肖古王《クンチョゴ》（在位、三四六〜三七五年）の頃からである。中国の宋書、梁書、によると、王は遼西を支配したとなっている。遼西というのは、中国東北地方の遼河《りょうが》以西の地域である。現代の行政区画でいうなら、遼《りょう》寧省《ねいしょう》の辺りで、遼東半島があるところである。いつ頃支配していたかというのは、正確には分からないので、事実を疑問視する学者も居る。しかし百済はこの時期、そのぐらい強大だった。日本には七支刀《ひちしとう》を与え、文字や仏教を伝えるなど、関係が深い国であった。寺院の建築方法も、土木工事の方法も伝えた。新羅《しらぎ》、高句麗《こうくり》という言葉が、朝鮮語の発音に近いのに対し、百済《くだら》だけが全く違った発音をしている。怖らくは「クンナラ（大国）」と呼ばれていたからだろう。両国の関係は、現代の日本とアメリカのような関係だったと推測できる。日本はそれ故に百済が危機に陥った時には援軍を出したのだが、唐と新羅の連合軍に粉砕されてしまった。

高句麗《こうくり》は大国である。且つ、滅茶苦茶強かった。初代は朱蒙《チュモン》（在位、紀元前三七～紀元前一九年）である。弓の名手だった。扶余《ブヨ》という朝鮮族最初の国から独立して、自分たちの国を建てた。三一三年には楽浪郡、帯方郡を滅亡させ、四〇〇年ぶりに中国の影響を排除した。その後中国を統一した隋《ずい》（五八一～六一八年）は高句麗を四度に渡って攻め続けた（五九八～六一四年）。第二次の攻撃は六一二年のことだった。このときは武器や食糧を運ぶ輜重《しちょう》部隊まで合わせて三〇〇万という大軍で攻めたが、生きて帰れたものは数千人程度だったというぐらい、完膚なきまでに粉砕された。ぼろ負けを喫したせいで、各地で反乱が起こり、やがて隋という国そのものが滅びてしまった。唐の太宗、李世民（在位、六二六～六四九年）も第一次攻撃（六四四～六四五年）で大敗して、ほうほうの体で逃げ戻っている。次の高宗（在位、六五〇～六八三年）の時代に行われた二度目（六六一年）の攻撃は何とかしのいだが、三度目（六六七～六六八年）の攻撃の時は、新羅の協力もあり、首都の平壌《ピョンヤン》を落とされてしまった。高句麗のあとは、遺民が集まって、渤海《ぼっかい》（六九八～九二六年）という国を建てた。渤海《ぼっかい》の最大勢力図は、図三の通りである。

新羅が支配したのは、新羅と百済と、高句麗のほんの一部である。高句麗の領土の九割方は失っている。新羅が失った領土の殆どをカバーしたのは渤海である。然るに韓国では新羅が「三国統一」したという。「二国統一」だろうと、筆者は思った。それを殊更に「三国統一」と言い張る理由を理解できなかった。この点については本文で検討している。

ということで、東北アジアの古代の勢力図を理解して頂けただろうか？　これらの知識をもとにして、筆者が初めに掲げた疑問の謎解きをしていきたいと思う。日本は本当に、朝鮮の派生物なのか？　という疑問である。

図三　渤海最大版図

女真
契丹
渤海
上京龍泉府
（寧安）
旧国（敦化）
東京龍泉府
（琿春）
中京顕徳府
（和龍）
唐
西京鴨淥府
（和龍）
白頭山
遼東城
泊灼城
南京南海府
平壌
新羅
金城
（慶州）
日本
京

第一章　日本

日本が日本に成ったとき

日本が対外的に「日本」という言葉を使うようになったのは、歴史学者である網野善彦氏が著《あらわ》した『日本とは何か』（講談社／二〇〇〇年）によれば七〇二年にヤマトの使者が、唐を周と改めた則天武后《そくてんぶこう》に朝貢したときであった。その頃まで日本人は自分たちの国を「日本」と認識していない。日本はこのときに始まったのである。それまで日本は、此の世に存在していない。「天皇」という言葉も同様でそれ以前は「大王」である。網野氏は第一章2「日本人の自己認識―その現状」で日の丸、君が代「建国記念の日」に異を唱えたあとで以下のように述べている。

しかし「日本」という国号、国の名前がいつ定まり、「天皇」という王の称号がいつ公的に決まったかについては、後にものべるが、研究者の間では多少の意見の相違はあれ、大筋では一致している。大方の見方は七世紀末、六八九年に施行された飛鳥浄御原令《あすかきよみはらりょう》とするが、それと異なる見解にしても七世紀半ばを遡らず、八世紀初頭を下らない。「日本」はこのときはじめて地球上に現れたのであり、それ以前には日本も日本人も存在しない（ここで「日本人」というのは「日本国」の国制の下にある人々で、それ以上でもそれ以下でもない。私は日本人という言葉はそのような意味で使うべきで、これにさまざまな意義を加えるのは、問題を曖昧《あいまい》にすると考えている。この点も後述する）。

それゆえ、「日本国」の「建国」をもしも問題にするならば、この国号の定まった時点にするのが事実に即して当然であり、実際、七〇二年、中国大陸に渡ったヤマトの使者は周の則天武后《そくてんぶこう》（国名を唐から周に変えた）に対し、それまでの「倭国《わこく》」に変えて、はじめて「日本国」の使者といい、国名の変更を明言したのである。そこには大陸の大帝国に対し、小なりとも自立した帝国となろうとする列島のヤマトの支配者たちの強い意志がこめられていた。[『日本とは何か』(講談社/二〇〇〇年)20〜21頁。ルビ、かっこ書きは原著]

飛鳥浄御原令《あすかきよみはらりょう》というのは、日本で最初に作られた律令法《りつりょう》で、令《りょう》のみが書かれている。律というのは刑法で、令はそれ以外である。飛鳥浄御原令《あすかきよみはらりょう》は現存しておらず、詳細については不明である。

さて、則天武后《そくてんぶこう》に対する倭国の主張は、一方的なものであった。相手が認めなければ国際的には、日本は存在しない。これについて周は当然ながらそうする理由を聞くだろう。そして使者は理由を述べたはずである。この点について網野氏は第三章1「『倭国』から『日本国』へ」で以下のように書いている。

周(唐)の役人によって国名の変更について質問を受け、使者たちは「日本国は倭国の別種」、または「倭国自らその名の雅《みやび》ならざるを悪《にく》み、改めて日本と為《な》す」あるいは「日本は旧《もと》小国、倭国の地を併《あわ》す」(旧唐書)などと答えたように見えるが、則天武后はこの国名を認めた。以後、中国大陸の王朝の正史はそれまでの「倭人伝」「倭国伝」ではなく「日本伝」とするようになる。こうして「日本」という国号は東アジアの世界において、公式に認められたといってよい。そのころ則天武后は「唐」を「周」に改めていた。もしもヤマトの支配者がそのことを知り、絶好の機会と見て、自らの国号変更を承認させたのだとすれば、これはなかなかの政治感覚だということもできよう。[『日本とは何か』(講談社/二〇〇〇年) 91頁。ルビは原著]

当時百済《くだら》は六六〇年に新羅《しらぎ》・唐連合軍によって滅亡し、高句麗《こうくり》も六六八年に新羅・唐連合軍によって滅亡している。新羅は百済と高句麗を倒すのに協力した唐を駆逐すべく、六七〇年からは唐と戦う。そして遂に、六七六年には唐を半島から撤退させた。六六三年に百済復興のために水軍を派遣して大敗したヤマトは、次は自分たちだと緊張したことだろう。ヤマトにとって新羅は隣国の強大国であった。新羅に備えるためヤマトでは防人《さきもり》を北九州や対馬に配置して、国の防御に腐心した。一方、高句麗の故地ではかつての高句麗の多くを含む渤海《ぼっかい》が六九八年に建国される。新羅を牽制するには、新羅と対峙している渤海《ぼっかい》や唐と結ぶのは当然のことであり、また軍事力を強化するためには強力な中央集権国家を作る必要があった。このためヤマトは律令《りつりょう》制を導入して軍事力を高め、新羅よりも強国の唐に対しては、自分たちは新羅とは異なる独立した存在であるということを認めさせる必要があった。このためには、「日本」という新生ヤマトを認めて貰わなければならなかったのである。唐が自ら国名を変えたのはヤマトにとってはまたとない好機だった。唐自らが国名を変更しているのだから、周辺国の国名変更は否定し辛い状況である。ヤマトはこの機を逃さなかった。当時の緊迫した東アジア情勢が倭国を「日本国」にした原動力だったといえるだろう。このような日本国を成立させた倭人について、網野氏は第三章の1で次のように述べている。

敗戦後の歴史教育を通じて、倭《わ》は日本であり、倭人《わじん》は日本人であるとする理解は、広く日本国民の中に、完全に定着した。倭人＝「日本人」が文献に初めて現れるのは「漢書《かんじょ》」地理志の「楽浪海中《らくろうかいちゅう》に倭人あり、分かれて百余国をなす」という記事であることは、日本史を学んだ高校生なら誰でも知っているし、現行の中学の歴史教科書でも「紀元前一世紀ごろ、倭（日本）に小さな国がたくさんあった」と中国の歴史書に書かれていた、と記述されている。この教科書は「縄文時代の日本」「弥生時代の日本」という大項目を立て、後者の小項目「むらから国へ」の中でこの記述をしているのである。

日本だけではない。韓国・朝鮮においても倭は日本と解されている。「倭奴」は日本人を侮蔑《ぶべつ》し見下げたときの表現であり、日本人による朝鮮半島の人々に対する暴虐として「倭寇《わこう》・壬辰倭乱《じんしんわらん》・日帝三十六年」をあげるのは、今も韓国では常識であろう。私も韓国に行ったときにそうした批判を耳にした。

しかし私は豊臣秀吉によって行われた日本国の朝鮮侵略、「大日本帝国」が朝鮮半島を植民地とし、朝鮮民族の日本人化を強要したことについては、一言の弁明もなく頭を下げるが、「倭寇」をこれに加えることについては、事実に反するとして承服しない。

すでに田中健夫氏（「倭寇と東アジア通行圏」『日本の社会史第1巻　列島内外の交通と国家』岩波書店一九八七年）

中略

などによって詳細に実証されているように、「倭寇」は全体として、西日本の海の領主・

商人、済州島・朝鮮半島南部・中国大陸南部の海上勢力の海を舞台とした結びつき、ネットワークの動きであった。前期倭寇には朝鮮半島の「禾尺《かしゃく》、才人《さいじん》」といわれた賤民も加わったとされ、後期倭寇には、日本列島人よりもむしろ中国大陸の明人の方が多かったといわれている。そして一方で「和語を解し倭服を着る」といわれ、他方でその言語は「倭語でも漢語でも」ないとされるように、「倭寇」は国家を越え、国境に関わることなく、玄界灘・東シナ海で独自な秩序を持って活動していたのである。

中略

また「倭人」と呼ばれた人々は済州島・朝鮮半島南部などにもいたと見られるが、新羅《しらぎ》王国成立後、朝鮮半島の「倭人」は新羅人となっていった。このように「倭人」と「日本人」が同一視できないことを、我々は明確に確認しておく必要がある。〔『日本人とは何か』（講談社／二〇〇〇年）84～87頁。ルビは原著〕

ここまでで分かるのは「日本」を作ったのは「倭人」である、ということである。また「倭人」は「日本」という領域を越えて広範囲に存在していたということである。それならば「日本」地域にいた「倭人」はなぜ「日本」を国号としたのだろうか？　この点について網野氏は、第三章1中の「なぜ『日出づる国』なのか」で以下のように述べている。

この国号は、西郷信綱氏や吉田孝氏の指摘する通り、太陽信仰、東の方向をよしとする思考を背景としており、中国大陸の大帝国を強烈に意識した国号であることは間違いない。「日本」は「日の本」、東の日の出るところ「日出《ひい》づる処《ところ》」を意味しているが、いうまでもなくそれは西の中国大陸に対してのことであり、ハワイから見れば日本列島は「日没する処」に当たることになる。

ここからこの国号については、平安時代から疑問が発せられており、承平《しょうへい》六（九三六）年の「日本書紀」の講義（『日本書紀私記』）において、参議《さんぎ》紀淑光《きのよしみつ》が「倭国」を「日本」といった理由を質問したのに対し、講師は『隋書』東夷伝の「日出づる処の天子」を引いて、日の出るところの意と「日本」の説明をしたところ、淑光は再び質問し、たしかに「倭国」は大唐の東にあり、日の出る方角にあるが、この国にいてみると、太陽は国の中から出ないではないか、それなのになぜ「日出づる国」というのかと尋ねている。

これに対し講師は、唐から見て日の出る東の方角だから「日本」というのだと答えているが、岩橋小弥太氏も「よほど頭の善い人だった」と評しているように、この淑光の質問は見事にこの国号の本質を衝《つ》いているといってよい。

このように、この国号は「日本」という文字に則してみれば、けっして特定の地名でも、王朝の創始者の姓でもなく、東の方向をさす意味であり、しかも中国大陸に視点を置いた国名であることは間違いない。そこに中国大陸の大帝国を強く意識しつつ、自らを小帝国として対抗しようとしたヤマトの支配者の姿勢をよくうかがうことができるが、反面、それは唐帝国にとらわれた国号であり、真の意味で自らの足で立った自立とはいい難いともいうことができる。[『日本とは何か』(講談社/二〇〇〇年)91~92頁。ルビは原著]

この点について筆者はいささか異なる見解を持っている。それがどういうものかについては、事後説明していくが、ともあれ「日本国」となったあとの「日本人」の中には「日本」というのは唐が名づけたものだという者まで出るようになる。そして遂には「日本」という国号を嫌う者まで出てきた。この点につき網野氏は以下のように書いている。

その中で江戸時代後期、この国号を「大嫌い」といった国家神道家が現れた。幕末、尊《そん》王攘夷論《のうじょういろん》によって知られた水戸学者東湖《とうこ》の父藤田《ふじた》幽谷《ゆうこく》の書簡に、「日本国号」について近ごろさかんに議論があることにふれた一通があり、その中に「一種の国家神道を張」る「会津士人佐藤忠満」の「一奇談」として「日本の号ハ唐人より呼候《よびそうろう》を、其《その》まゝ此方にて唐人へ対候て称する所のみ」と主張する佐藤が「国号を申候事、大嫌之様子」と記されている。

幽谷はこれに対し、佐藤のいう通りだが、唐人から呼ぶなら「日下」というだろうが「日本」の字を用いた点に「倭人」らしさが見えるから、この国号は「此方」で建てたことは間違いないと答えたが、これは佐藤の方が筋が通っており、幽谷の答えはこじつけといえよう。(この書簡については長山靖生氏に教えていただいた)。〔『日本とは何か』(講談社／二〇〇〇年)93~94頁。ルビと強意記号は原著〕

このように「日本」という国号が大嫌いとまでいう考えの大前提には、その国号を「日本人」が考えたという暗黙知がある。しかし筆者は事実はそうではないと思っている。「日本」という国号は「他国の者」が考え、それを「倭人」が流用したのである。この点について以下で見ていく。

「日本」という言葉のはじまり

「日本」という言葉は、古代史家である井上秀雄氏の『古代朝鮮』（講談社学芸文庫／二〇〇九年）によると百済が倭に対して初めて用いたとある。日本書紀が引用している「百済記」や「百済本紀」に「日本」という言葉が出てくるのがそれである。日本書紀の中の「百済記」や「百済本紀」は日本に都合がいいことばかり引用されているので、日本書紀がねつ造したものだ、という説がある。実在したとする者は、百済が滅んだときに失われただけで、日本には伝わっていたから引用できた、と考える。ただし現代までにそのような本は日本にも朝鮮にも伝わっていない。謎の資料である。

井上秀雄氏は、隋が高句麗を攻めた（五九八年から六一四年まで四次の攻撃があった）のに危機感を感じた百済が、倭国に支援を頼むために大和政権におもねって、彼らが気分をよくするようなことを書いたのだろう、としている。政治家はそんなことまでするものだ、という見解である。ともあれ百済が最初に「日本」という言葉を使ったのである。そこでなぜか、という疑問が生じる。

百済の南海岸地帯から伽倻《かや》、新羅の南海岸地帯は倭人の支配地であった。このことは後漢書東夷伝や、魏志韓伝に書かれている。資料そのものはあとで示す。

百済は海岸部を征服したあと、伽倻を攻めた。このとき自分たちより東に位置した伽倻を「日の本の地」すなわち「日本」と呼んだのではないだろうか。

伽倻は日本書紀では任那《みまな》日本となっている。任那を百済が日本と呼んだことから、当の任那人が自分たちを「日本」と意識したのであろう。

一方、民俗学の谷川健一氏の『白鳥伝説』（集英社／一九八六年）によると、ヤマトを侵略しようとしていた倭人の軍隊は、河内の日の出る方向を「日の下《もと》の草香」と認識していた。

大和朝廷の成立は四世紀ごろのことである。このことからすると、「日本」あるいは「日の下」という呼称は、「百済記」や「百済本紀」に記載されたときよりも遙か前から使われていた言葉だといえるだろう。即ち記録されたときが最初ではなく、それ以前から使われていたのである。

ならば百済人や倭人は「日本」や「日の下《ひのもと》」という発想をどこから得たのであろうか。百済が「日本」という言葉を使い始めたのなら、百済自身はなぜ自分たちを「日出づる処の民」といわなかったのだろうか。「百済」とはどういう意味の言葉なのだろうか。「日出づる処」という意味があるのだろうか。こうした点について以下で検討していく。

補足：後漢書というのは、五世紀に南朝の宋で書かれた後漢時代の国の歴史書で、編者は范曄《はんよう》。それの東夷伝に、東北アジアのことが書かれている。

魏志韓伝というのは、卑弥呼が出てくる魏志倭人伝の前に書かれている部分で、帯方郡よりも南の地域について書かれている。帯方郡というのは、後漢が朝鮮半島に置いた活動拠点の名前で、ソウルとピョンヤンの間にあったとみられている。

朝鮮の意味

日本で「朝鮮」という言葉は、殆んど差別語的な使い方をされている。朝鮮がどういう意味かというと、大韓航空の機内誌「Morning Calm」の影響もあってか、穏やかな朝の国、という意味だと錯覚している向きもあるようだ。あるいは「朝」が「鮮」やかな国のことだと思っている者も多いだろう。

かつて崔南善《チェナムソン》という碩学《せきがく》がいた。彼は三・一独立宣言文の起草者の一人でありながら、満州の建国大学の教授となり、独立後は親日派として糾弾された人である。そんな彼が『朝鮮常識問答』(三星文化文庫/一九八〇年)という本を出している。この本は韓国で出版されたもので、筆者の知る限り日本での翻訳版はない。そこに「朝鮮」というのは「チョッセン」の音訳語だという解説がある。「朝鮮」というのは表意文字ではなく、万葉仮名と同じ表音文字だというのである。だから漢字の意味そのものに意味はなく、発音の方に意味があることになる。「チョッ　セン」というのは直訳すると「初めて出る」という意味である。

「チョッ」は接頭語で「初めて」「最初の」という意味である。朝鮮語で「初めまして」は「チョウム　ベッケッスムニダ」という。ここでの「チョウム」が「初めて」という意味である。

「セン」というのは動詞「セェダ」の連体形である。「セェダ」は湧き出るという意味である。韓国語では泉のことを「セム　ト」という。「ト」は場所という意味なので「セム　ト」は湧き出る場所という意味になる。水が湧き出る場所なので、「セム　ト」は泉を意味する。

さて、「チョッ　セン」という場合、初めて出てくるものは、太陽である。朝鮮民族は太陽を神と崇め、それが出てくる東を目指して大陸を突き進んで来たのだった。朝鮮民族は白衣民族ともいわれるように白い服を好んで着る。この白は、民芸運動を起こした思想家の柳宗悦《やなぎむねよし》氏がいったような、哀しみの色ではない。それは太陽の色である。「チョッセン」の民は、自らが太陽の子であることを示すために白い服を着たのである。

この言葉がいつ頃から使われるようになったかを検討してみる。古代史家である井上秀雄氏の『古代朝鮮』（講談社学芸文庫／二〇〇九年）によると中国の歴史書に朝鮮という言葉が出てくるのは、紀元前六四五年に死亡した管仲が表した「管子」が最初である。「朝鮮」は紀元前三〇〇年ごろに加筆された部分に出てくる。管仲《かんちゅう》というのは中国春秋時代（紀元前七七〇〜紀元前四〇三年）の斉の国の政治家で桓公《かんこう》に仕えて覇者とするのに貢献した。固い友情で結ばれた仲を「管鮑《かんぽう》の交わり」というが、ここでの「管」が管子であり、「鮑」は管子の友人の「鮑叔《ほうしゅく》」である。

井上氏は「朝鮮」という言葉は中国人が東北アジアの地方名として用い出したものをそこに住んでいた人々がそのことを知り、やがて国名として使うようになった、としている。井上氏が主張するように、「朝鮮」という言葉を中国人が最初に用いたのならば「朝鮮」というのは文字が持つ意味で考えなければならない。「朝鮮」という文字が持つ意味は、「朝が鮮やか」ということである。朝が鮮やかとはどういうことだろうか？　特別に「朝鮮」の地域だけが朝が鮮やかだった、などということはないだろう。地球上、殆ど総ての場所で朝は鮮やかなものである。だから「朝鮮」という言葉の持つ意味と実態とは整合しないといえる。

朝鮮のことを別名で「青丘《せいきゅう》」という。いつ頃からそう呼ばれるようになったかは分からないが、陰陽五行の思想を背景にしていることから、かなり古い時代から使われているだろうと推測できる。五行思想で青は東に当たる。よって「青丘」というのは中国から見て東にある土地という意味になる。これならば文字の意味と実態とがあう。しかし「朝が鮮やかな場所」では、何の実体か分からない。これはやはり崔南善《チェナムソン》氏がいうように、現地の人間が使っていた言葉を中国人が聞いて、その音を漢字で書き写したと考える方が妥当である。「チョッ　セン」の民は常に日出づるところを求めて東進していた。だから海にぶつかるまで「チョッ　セン」を求めて歩き続けたのである。「自分たちはチョッ　センの地を求めてやってきた」と聞いた中国人が当て字で「朝鮮」と記録したのだろう。だから「チョッ　セン」というのは「日出づるところ」という意味であり、「朝が鮮やか」という意味ではない。

「チョッ　セン」という言葉は、騎馬民族が大陸を東に移動する原動力を示している。「チョッ　セン」の地は「日出づるところ」であり神のお膝元であるから、パラダイスあるいは桃源郷であったに違いない。それゆえ元々の意味は大唐から見て東にある「日本」という意味ではなかった。古朝鮮の民にとっては、神の近くに行きたいという宗教的な熱望だったのだ。だから「ここはチョッ　センか?」「いや違う。もっと東がある」「今度こそチョッ　センだろう?」「いやいや太陽はまだ向こうから上がっている」などといいながら何代にも渡って「チョッ　セン」の地を追い求めていたと推測するのである。

扶余《ふよ》も高句麗も百済も同じツングース系の同族である。ツングース系の民族というのは、中国東北部からシベリアにかけて住んでいた狩猟民族のことである。言葉はモンゴル語に近い。歴史に出て来る民族名としては、粛慎《しゅくしん》、靺鞨《まっかつ》、勿吉《もっきつ》、朝鮮などがある。勿吉は後の靺鞨である。粛慎は靺鞨と朝鮮に別れる。靺鞨は女真《じょしん》となり、女真は金という帝国を立て、後に民族名を満州族に変えてからは、清を建国する。

こうしたツングース系の民族は、「チョッ　セン」の地を求めて東進してきたという先祖伝来の記憶があるから、百済は自分たちより東にある伽倻を「チョッ　セン」の漢訳語である「日本」と呼んだのだろう。「チョッ　セン」を「倭語」に翻訳すると「日《ひ》の下《もと》」である。どちらの言葉も「チョッ　セン」という記憶を持つ民族の言葉が元にあり、それを漢語や倭語に翻訳したと考えるのが妥当だろう。

しかし「日本」を作った倭人の子孫たちには「チョッ　セン」の地を追い求めてきたと

いう記憶がない。それで字義だけで解釈して、唐を中心として卑屈になって「日本」という言葉を使っている、けしからん、と考えるようになったのである。元の意味を知っていれば、唐を中心として考え出した言葉ではないと分かるのだが、元の記憶が失われているから、そう考えるようになったわけで、筆者は「日本」という言葉は「チョッ　セン」の地を意味しており、神のお膝元の土地と解釈すべきだと思っている。パラダイス、楽園、あるいは極楽という意味である。単純に太陽が出る場所とのみ考えるのは間違いである。

さて、朝鮮が「チョッ　セン」からきており、その意味が「日出づるところ」というのは十分に腑に落ちるのだが、崔南善《チェナムソン》氏の説明には、ひとつ気に入らないことがある。それは日本の万葉集を、韓国語で解読する方法に対するのと同じ不満である。

万葉集は古代日本語である。それが韓国語で意味が通じるというのなら、現代韓国語ではなく、古代韓国語で解釈しなければならない。古代日本語と現代韓国語を比較して共通点を取り上げるというのは、方法論として間違っている。それは刻舟求剣と同じである。刻舟求剣というのは中国の故事で、内容は以下の通りである。

舟に乗って川を渡る人がいた。その人は刀を川に落とした。直ぐに舟に印をつけて、「ここに刀を落とした」といった。舟が岸に着いたので印をつけたところから川に入って探したが、剣は見つからなかった。

なぜ見つからなかったのか。それは舟につけた印が相対的位置を示し、絶対的位置を示してなかったからである。基準がずれているのだから見つかるわけがない。万葉集を現代韓国語で解釈するのもこれと同じである。古代という基準を現代の基準で判断しているのだから無意味だろう。古代の倭語は古代の韓国語即ち扶余語と比較し、判断しなければならないのである。

古代日本語を古代韓国語で解釈して意味が通るのであれば、万葉集は古代韓国語で書かれたものだ、といえるだろう。

しかしながら古代韓国語は断片的に残っているだけで、万葉集と比較できるほどには残っていない。朝鮮は常に侵略され続けてきた国である。そのために燃えるものは総て燃やされてきた。残っているのは石や金属に書かれたものぐらいである。紙に書かれたものは殆ど伝わってない。近年では豊臣秀吉が朝鮮を侵略し、朝鮮の書物を燃やした。李朝では、侵略され続けてきた経験から、国の記録は、ソウル、忠州、星州、全州、にコピーを作って保管していた。秀吉軍は侵略すると、その土地に火をつけた。多くの書物が灰になった。そんな中で、唯一、全州だけが難を逃れた。それでそれを再びコピーして、今日まで伝わっている。こうした分散保管のシステムを取っていなかったなら、また李舜臣将軍が秀吉軍を粉砕しなかったなら、朝鮮の歴史の半分は失われていただろう。こうした事情から、朝鮮では紙に書かれたものはあまり伝わってない。

さて、筆者の、崔南善《チェナムソン》氏に対する不満は刻舟求剣に対するのと同じである。古代韓国語で「チョッ　セン」と発音していたのなら、彼の説は妥当だが、しかし「チョッ　セン」というのは現代韓国語の発音である。その発音を以って、二〇〇〇年以上昔の当て字が「朝鮮」だったというのは、立証方法としては妥当ではない。彼が掲げた証拠は信用できないから使えない、と私は判断する。

比較すべきは、古代韓国語と古代中国語でなければならない。しかし古代韓国語の発音は分からない。分からないから現代のものを使っても良い、ということは、当然のことながら、いえない。

そこで視点を変えてみる。中国語は、古代から現代までの発音が分かるのである。中国語学者の藤堂明保氏らが著した『新漢和大辞典』（学習研究社／二〇〇八年）には古代から現代までの漢字の発音が載っている。そこには上古音（周、秦の時代）、中古音（隋、唐の時代）、中原音韻（元の時代）、北京語の発音が示されている。これによると、「朝鮮」という文字の上古音は朝「tiŏg」鮮「sian」である。現代韓国語の「チョッ　セン」をローマ字で書いてみよう。チョッは「tyət」である。センは「sæn」である。筆者は言語学に疎いが、古代の発音が現代語へと変化したのは自然な変化のように思える。上古音「tiŏg」の「iŏg」が現代語では「yət」に変化している。発音してみれば分かるが、古代語と現代語は殆ど同じ音である。上古音の語尾「g」も現代語語尾の「t」も語尾にあるので発音するときには無音である。「g」は口を開けたまま止まり、「t」は舌を上顎につけて止まる。これらの子音は次に母音が来た場合にのみ、音が現れる。「ga　gi　gu　ge　go」、「ta　ti　tu　te　to」である。上古音「tiŏg sian」では「g」の次の音が子音「s」なので「g」は発音されない。現代韓国語「tyət sæn」も「t」の次の音が子音「s」なので発音されない。つまり「tiŏg」も「tyət」も耳に聞こえる音はほぼ同じである。ついで上古音「sian」についてである。韓国語の複合母音「æ」は単母音の「a」と「·i」が複合したものである。

上古音は「sian」であるから「i」と「a」が複合して「æ」に変化するのは自然な変化である。

古代「韓国語」の発音は「tiog sian」に近い発音だった。これをAとする。その音を中国人が聞いて「朝鮮（tiog sian）」と記録した。これをBとする。現代韓国語の「チョッセン」をCとする。BとCには、以上で見てきたように連続性が認められる。AとBはニヤリーイコールつまり、ほぼ等しいから、BイコールCは、AイコールCとみなすことができる。よって古代韓国語が、現代韓国語「チョッ　セン」に変化したと結論付けられる。「朝鮮」というのは「チョッ　セン」から来たと主張する、崔南善氏の説明には不備があるが、その不備は以上で補われたものと考える。

日本人の構成

日本人の構成については、経済学者の鬼頭宏氏が『人口から読む日本の歴史』（講談社学術文庫／二〇〇二年）で、人類学者の埴原和郎氏の『日本人と日本文化の形成』（朝倉出版）を引いて、以下のように述べている。

弥生時代初期から奈良時代初期までの千年間に一五〇万人程度の渡来があり、大きな地方差はあるものの、奈良時代初期の人口は血統から見て、北アジア系渡来系が八割あるいはそれ以上、もっと古い時代に日本にやってきて土着化していた縄文系（原日本人）が二割またはそれ以下の比率で混血した可能性が高いという。埴原の仮説は、遺伝子のDNA分析や特定ウィルスの感染に関する疫学的研究、結核感染に関する人骨の古病理学的研究、犬種の血統に関する遺伝的調査によっても裏付けられている。〔『人口から読む日本の歴史』（講談社学術文庫／二〇〇二年）72頁〕

つまり日本人の八割は大陸からやってきた者やその者たちの子孫であるという結論である。二割の縄文人というのは、簡単にいうとアイヌ人のことであろう。大陸からやってきた大和朝廷がアイヌ人を駆逐した歴史が日本の歴史であったともいえるだろう。

日本の奈良時代の人口の八割は大陸系で、二割はアイヌ人の「日本」というのは、いったいどういう国だったのだろうか？　現代の感覚でいうなら、日本人の八割は朝鮮人で、二割はアイヌ人だったということである。「純粋な日本人」は存在しないことになるし、単純に考えるなら、「日本」という国は朝鮮人が作ったということになるだろう。

実際、韓国人や在日コリアンの中にはそのようにいうものもいる。しかし筆者は日本は日本である、と思っている。その根拠の一つが、言葉である。

朝鮮人が日本を作ったり、大陸の人間が八割も日本に来ているのなら、当然に使われた言葉は古代の朝鮮語即ち扶余語《ふよご》でなければならない。

ここで扶余語の扶余について少し解説する。扶余というのは、朝鮮族が建てた最初の国家で、扶余あるいは夫余、と記録されている。余は正字の餘を用いることもある。韓国で最初の正式な歴史書である三国史記（一一四五年）には百済の姓を「夫余」と書いている。百済は高句麗から出、高句麗は扶余から出ている。このことから、「扶余」よりも「夫余」が正しいと考える者が多い。しかしながら筆者は理由は後で述べるが「扶余」でなければならないと思っている。よって遊牧民である朝鮮族が使っていた言葉を「扶余語《ふよご》」と書くことにする。

さて、日本を扶余人が作ったのなら、使われていた言葉は扶余語のはずである。八割の大陸から来た人間が使っていた言葉は扶余語でなければならない。しかしながら日本語は、韓国語とは大いに異なっている。国語学者である大野晋氏の『日本語の起源』（岩波新書／一九七九年）によると、日本語が朝鮮語から派生したというためには共通の単語が少なくとも五〇〇は、なければならないのに、二〇〇程度しかないと疑問を呈している。日本語は扶余語から派生した言語ではない、ということになる。このことから、もし扶余人が日本を作ったのだとしたら、奈良時代ごろに忽然として扶余語が消え、日本語が出現する怪現象を説明することができない。

現代日本で日本語が使われているという結果から判断するに、大陸からやって来たのは扶余人だが、使っていた言葉は倭語だったと推測するほかはない。日本にやって来た扶余人は、半島にいたときから倭語を使っていたのである。ならば扶余人はどうして半島で倭語を使わなければならなかったのだろうか？　これもまた不思議なことである。

考古学的証拠

歴史において考古学的出土品は、直接証拠である。これに対し文献に書かれたものは、間接的な証拠である。考古学的証拠の存在を満足させる仮説を立て、それが間接証拠と矛盾なく調和するようでなければ妥当な仮説とはいえないだろう。

大野晋氏は『日本語の起源』の中で人類学研究の金関丈夫博士の研究を引いて以下のように述べている。

日本の縄文時代人と現代北九州人とは身長が殆ど同じである。ところが弥生時代人は男女とも、それよりも飛び抜けて高い。古墳時代人がそれに次ぐ。そして注意すべきことは、弥生時代人は、南部朝鮮人とほぼ同じ身長だということである。また、少数であるが近畿から発見された弥生式時代人人骨も男女ともに高い身長を持っている。(『日本語の起源』(岩波新書／一九七九年)［127頁］)

土器については、考古学者の武末純一氏の『土器から見た日韓交渉』（学生社／一九九一年）によると、半島の土器と列島の土器に、ある程度の対応関係があるものとして示されている。両者の関係は半島から列島へという一方通行的なものではなく、一部には列島から半島へ流れたものもあったとしている。

また、近年韓国全羅道で前方後円墳が発掘されるようになった。これは時期から見て、日本のそれよりも後であることから、「日本人」が半島に行って作ったものと考えられている。

ここで、考古学で判明している事実を列挙してみる。

①弥生人は稲作をしていた。
②弥生人の身長は縄文人よりも十センチ高い。
③弥生人と南朝鮮人の身長は同じ。
④日韓両国から、互いに影響し合った出土品が出てくる。

以上の直接証拠は何を意味しているだろうか？　稲作をしていた弥生人の身長が南朝鮮

の人たちと同じだというのは、稲は南方から海を伝わってきたルートよりも、半島経由のルートの方がメインだったということを示しているだろう。もし南方ルートがメインならば、稲は伝わっても、身長は低いはずだからである。稲作は南朝鮮で発達し、そこで身長の高い扶余人との混血が行われた。その結果身長の高くなった稲作民が、戦乱を避けて難民となり、倭国に逃げて来たのである。

また日本語が扶余語から派生したものではないことから、南朝鮮では倭人の人口の方が多く、扶余人は少数派だったと推測できるだろう。半島南部に扶余人が先に来たのか、倭人が先に来たのかは分からないが、人口比では倭人の方が多かったと推測できる。そこで使われていた言葉は倭語、すなわち後の日本語だったはずである。

こうした点は、先の網野善彦氏の、倭人は朝鮮の南部と倭国、中国の沿岸部にいた人たちだったという説明と矛盾しない。その人たちが使っていた倭語は、中国では周辺の民族に征服されて消滅し、半島では新羅に征服されて消滅した。日本でのみ、倭語は生き延びたのである。

大陸からやって来た八割の人間は、倭人だった。こう考えれば、日本で現在日本語が使われている理由を合理的に説明できる。扶余語であったなら、それがいつ、なぜ消えて、そして倭語がどこから出てきたのか、を説明しなければならなくなる。そんな説明は不可能だろう。だから大陸からやって来た八割の人間は、倭人、あるいは扶余人ではあっても倭語を使えた人間だったと考えるべきなのだ。こう考えて初めて、日本で日本語が使われている理由を合理的に説明できるようになる。

村落共同体で生活し、国という概念が無かった時代の人たちは、今よりも遙かに自由に玄界灘や日本海を往来して交流していたことだろう。なぜなら、お互いに言葉が通じていたからである。言葉の壁があれば一部の商人や貿易商しか往来しないだろうが、言葉の壁がなければ、交通手段さえあれば望む者は行き来することができる。土器や前方後円墳は多様な交流の存在を示しており、それを可能ならしめたのは共通の言葉であったと、筆者は仮説を立てた。

このような仮説の根拠となる見解をもう一つ挙げておこう。地球物理学者で、雑誌『Newton』の初代編集長である、竹内均氏が編集した、『Newton別冊　日本人のルーツ』（ニュートンプレス／二〇〇〇年）によると古朝鮮には初め血液型がO型の人間がいたが、血液型Aの湖南型の人が来てO型の人を北に追いやったとある。日本でも初めはO型の人が住んでいたが、A型の人が入り込んできてO型の者を北と南に追いやった可能性が高いとしている。B型はO型に遅れて大陸から日本にやってきた人たちだとしている。またアイヌと沖縄には、ともに南方系の特徴があり、アイヌにはそれに加えて北方系の特徴もあるとしている。Oは南方系で、Aは湖南系、Bはモンゴル系である。Aの湖南系は陸路と海路の両方から来たものと推測されている。

筆者は湖南系のメインは陸路であったと考えている。弥生人の身長が縄文人よりも高いのがその根拠である。弥生人は朝鮮の南部にいて、扶余人と混血したあとで日本列島へと南下したのである。遺跡の発掘結果や血液型の研究結果から見て、湖南人は、混血により背は高くなったものの、血液型は湖南系のままだったと推測する。理解のために倭人イコール日本人とし、倭人の住んでいた地域を日本としてみよう。古代にあっては、「日本人」は朝鮮南部と日本列島に住んでいたのである。「日本」にだけ「日本人」がいるのは現代の話であって、国家という概念が無い時代では、住みやすいところに住むのが当然のことである。それは日本列島に限定されるものではない。ついでにいうと当時の「日本」の本拠地は朝鮮の南部だった。それが新羅の「三国統一」により「日本人」は陸地から追い出されてしまったのである。この点は以下で徐々に明らかにしていく。

日本書紀は、扶余人が朝鮮南部の倭人社会を征服したころから書かれている。しかも主に書かれているのは列島内部のことである。このために実態が分からないのである。古代「日本人」は朝鮮に住んでいた。そこから戦争難民として日本列島に避難してきた。これが筆者の仮説である。

稲作民が来た道

農林省の官僚であった池橋宏氏は『稲作渡来民』(講談社選書メチエ/二〇〇八年)で古代中国の呉、越の民が山東半島を経て朝鮮半島南部に稲作を持ち込み、それから西日本や九州に渡ってきた、と推測している。以下に引用する。

最近の朝鮮半島における考古学のめざましい発展によって、初期の農耕の遺跡が広く調査、研究されるようになった。その成果によると、低湿地帯で水田農耕を営み、それに接した丘陵に環濠《かんごう》と住居を構えた集落は朝鮮半島の農耕時代である「無文土器時代」の中期から朝鮮半島の南部に姿を現してくる。朝鮮半島の考古学からこれらの遺跡に与えられた年代は、かなり錯綜しているが、そこから出土する磨製《ませい》の石斧《せきふ》や土器は、日本の弥生時代の早期あるいは前期の遺跡と共通している。このような遺跡の共通性を手がかりとして、朝鮮半島の南西部に渡来した水田耕作民の状態を理解することができる。〔『稲作渡来民』(講談社選書メチエ／二〇〇八) 12～13頁。ルビは原著〕

そして呉、越の民が山東半島から朝鮮半島への航海ができたかどうかについては以下のように述べている。

倭が朝鮮半島の南部にあったというのは少数意見であるが、もともと倭という言葉は、日本列島に住む人間を意味していたのではない。文献学から中国と日本の古代、特に道教について研究した福永光司《ふくながみつじ》によれば、中国の文献を検証すると、倭人伝の書かれた三世紀以前は必ずしもその使用が日本列島西北部のみに限定されてない。「倭人」という漢語が、成立年代の確かな中国の文献に見え始めるのは、一世紀である。後漢の班固の『漢書』「地理志」（下）の「燕地」の条であり、「楽浪の海中に倭人あり、分かれて百余国となる。歳《さい》時《じ》を以って献見《けんけん》す」という記事がある。ここでは、「倭人」の居住地は「楽浪の海中」、すなわち西朝鮮から渤海湾、黄海にいたる海域と結びつけられ、古代中国の「燕地」すなわち現在の北京・河北の地域にまで広げられている。朝鮮半島の情報はまず、燕国を通じて中国の中心地に伝えられたのであろう。福永によると、このように倭人を燕地と結びつける例はほかにもある。前三世紀頃の『山海経《せんがいきょう》』「海内北経」には「倭は燕に属す」とある。彼は次のように結論している。要するに、漢語としての「倭人」は古くは日本列島西北部の「倭の水人」のみではなく、西朝鮮から渤海湾、黄海にいたる沿海地区、さらには東シナ海にいたる広大な海域にもその居住範囲を持ちうる、「船」の生活集団を呼ぶ言葉であった。彼らは、背が低くて猫背でかがみ腰、頭髪は短く切って身体に刺青を施し、主として漁労に従事して、水田稲作も兼業する生活を営んでいたと見られる。［『稲作渡来民』（講談社選書メチエ／二〇〇八）104～105頁。ルビは原著］

補足：漢書というのは、後漢時代に編纂された前漢時代の歴史書で編者は班固。地理志は、その内の制度や地理について書かれている「志」という部分に出てくる。山海経《せんがいきょう》というのは、中国最古の地理書。秦から漢の時代に掛けて、作成された。海内北経は中国の北の辺境に関することを書いた部分。

池橋宏氏は、倭人が海伝いよりも朝鮮半島から大量に日本列島に入り込んだとしているが、この点についてては、異論が無い。それは、日本の弥生時代の遺跡から発掘される人骨が縄文時代人よりも一〇センチほど背が高いからである。これは朝鮮半島内で倭人と扶余人が混血し、それから日本にやって来たと考えれば発掘事実と合致するからである。

一方で気になるのは言葉である。倭人は、後の日本人になる人たちであるから、現代日本語の特性を持つ言語を話す人たちでなければならない。

筆者は日本語の最大の特徴は母音で終わる言葉であることにつきると思っている。日本語は一音一音が母音で区切られているから、子音で終わる言葉を聞き分けることは困難だし、この特徴は、単語の借用と違い、それほど簡単に変化する部分だとは思えない。

　現代日本語の七割方は漢語だとどこかで読んだ記憶がある。漢語というのは、中国語のことで外国語である。また英語のカタカナ語も多く用いられているから、日本語本来の言葉、いわゆる大和言葉は、それほど多くない。つまり単語の面から見れば日本語というのは、借りものばかりから成り立っている言葉で、独自のものはそれほど多くないということになる。しかし文法や単語の音節が母音で終わる、という特徴は、どれだけ外国語を借りてきたところで変化するものではない。

　韓国語というのは子音で終わる言葉である。子音が次の子音や母音に出会うと、音が変化する。例えば「ご飯」は「パッ pap」だが「ご飯を作って食べろ」は「パッペー paphae（æ） モゴラ məgəra」になる。子音は次に来る子音や母音とぶつかって容易に変化する。同じく子音止まりの言葉である英語で見てみよう。英語で I sugest that you go therという場合、発音は子音同士がぶつかると音が消滅したり強調されたりする。ローマ字式の発音では「アイ[1]　サ[2]ジェ[3]スト[4]　ザッ[5]ト[6]　ユー[7]　ゴー[8]　ゼア[9]」である。母音の数は9である。だが、子音止まりの特性を知っていれば、次のように発音する。「I sugesta tyu go ther」カタカナで示すと「アイ[1] サ[2]ジェ[3]スタ[4] チュー[5] ゴー[6] ゼァ[7]」母音は七つである。英米人が七音で話すところを日本人は九音と思っているから発音やヒアリングに困難を極めるのである。しかし韓国語が母語の者にとっては、子音同士がぶつかる音韻変化は常識であるから、日本人ほど英語の発音やヒアリングに困難を感じることはない。音が九音だと思っている者は、七音を聞いたり、発音したりできない。母音止まりしか知らない耳は、子音止まりの音を聞き取れないのである。これは衝撃的な文化の差である。

日本語の、母音で終わる、という言語特性は特異なものであり、古代においても現代においても、変化なく続いているだろうと筆者は考える。よって、「倭人」は母音止まりの言語を話す人たちでなければならないのである。そこで、呉、越の民が使っていた言葉がどんなものだったかを推測してみる。

呉と越というのは春秋戦国時代（紀元前七七〇～紀元前二二一年）に長江の南にあった隣国同士の国で、互いに敵視して、戦いを繰り返していた。呉は六代目の闔閭《こうりょ》（在位紀元前五一四～紀元前四九六）の時に、孫子の兵法で名高い孫武を軍師とし、内政を五子胥《ごししょ》に任せ、隆盛して覇を唱えるまでになった。しかし紀元前四九六年、越に攻められて闔閭《こうりょ》は亡くなる。このとき闔閭《こうりょ》は息子の夫差《ふさ》に復讐を誓わせた。夫差は毎日薪の上に寝て、復讐心を忘れないようにした。越が攻め込んできたので、夫差はこれを返り討ちにし、越の首都である会稽まで攻め込んだ。越王勾践《こうせん》は命乞いをした。夫差はこれを許した。越王勾践《こうせん》は復讐を誓い、部屋に肝を吊してそれを舐め、敵愾心を忘れないようにした。これが臥薪嘗胆の故事のいわれである。その後勾践は、夫差が北征した隙を突いて、首都を攻め落とした。夫差は命乞いをした。勾践はかつて自分が助けてもらったからと許そうとしたが、軍師范蠡《はんれい》に従い、夫差を殺した。勾践が宿敵の呉を倒したことで有頂天になったのを見て、范蠡《はんれい》は身を隠した。その時に「狡兎《こうと》死して走狗烹《に》られ高鳥《こうちょう》尽きて良弓蔵《りょうきゅうかく》る」と言ったといわれている。意味は、獲物がなくなれば犬や弓は使い道がなくなるように、自分も、もはや使い道がない、あとは災難に遭うだけだ、ということで、彼は引退した。勾践はこのあと、苦労をともにした臣下を謀反の疑いありと言いがかりをつけて殺していった。

さて、このような呉や越の国の民が、どんな言葉を話していたか、ということである。史記を見ると、紀元前五世紀の越王勾践《こうせん》と呉王夫差《ふさ》とは顔を合わせて話をしているから、二人の言葉は同じだったと推測できる。その後、呉王夫差は北征したときに諸王を集めて会議をしているから、夫差が話せた言葉が一種類だけだったとすると、勾践も夫差も今につながる中国語を話していたということになる。もちろん夫差がバイリンガルだった可能性もある。この場合は、当時の呉、越の言葉は現在の中国語につながる言葉だったとは限らない。また越人は断髪文身していたということだから、魏志倭人伝中の倭人と通じるものがある。以上から呉、越人はおそらく当時の中国大陸の中央部の言葉とは違う言葉を話していたと推測する。

筆者は稲が来た道を考える場合は、その者たちがどんな言葉を話していたかも考えなければならないと思っている。母音で終わる言語を話していたという証拠がなければ、池橋宏氏の説は、いまいち説得力に欠けるように思うのである。倭人の基本は母音で終わる言語を話す人々で、加えてそこに多様な言語を持つ人たちの単語が混じり合ったと、筆者は推測している。

池橋宏氏は「稲作渡来民」の中で「渡来民」がどんな言葉を話していたかも検討している。結論は分からない、ということになるのだろうが、中で注目すべきは、縄文語の基本形が残ったから日本語は母音止まりだ、とする見解と、朝鮮語の影響でも母音止まりの言葉になるという見解があることだった。そうであるならば氏が主張するように弥生人は呉、越人という可能性が高くなる。京都や大阪のアクセントが中国語の四声の影響を受けている可能性とあわせて、その可能性は高まる。しかし日本語は突き詰めると周辺のどの言葉とも違うし、また、どの言葉とも共通する部分がある。だから妥当な結論は、現時点では分からない、という事になるだろう。

ここで池橋宏氏が、朝鮮語の影響で日本語が母音止まりになる、とする見解について検討してみる。この説を唱えているのは韓国語学者で韓国の慶熙《キョンヒ》大学名誉教授である徐廷範《ソジョンボム》氏で、池橋氏が参考にしたのは『日本語の源流と韓国語』（三一書房／一九九六年）という本である。この本の副題には「日本語と韓国語は同系だった」とある。つまるところ主張したいことは、日本語は韓国語から出てきた派生物だということである。

著者の徐廷範氏は現代の韓日両国語から、消失語と祖語とを推測し、それを比較して、類似性を証明するという方法を取っている。単純に現代韓国語と古代日本語を比較している訳ではない。方法論としては妥当なものであり、説得力がある。氏は身近な一五一語をかかげて検討を加えている。

しかしながら、果たして単語の類似性だけを以て二つの言語が同系統であると結論づけられるものだろうか？　同系というためには文法的な特徴が一致した上で、単語の共通性がいえなければならないだろう。徐廷範氏が力説しているように、仮に一五一語の総てが同じ単語から発して韓国でも日本でも使われているとしよう。しかしながらその事実は、同じ単語を用いているということしか意味しない。

日本語は漢字語だけを見てもかなりの数の単語を「中国語」から借用している。音読みの漢字語は多くが、もとは漢の言葉である。だから当然に現代中国語でもその多くが使われている。ならば共通する単語が多くあるから、日本語と中国語は同系である、といえるだろうか？　私はいえないと思う。徐廷範《ソジョンボム》氏の主張はこれと同じである。単語の共通性だけでは二つの言葉がもとは同じだったと立証したことにはならないのである。

日本語と韓国語の根幹に関わる決定的な違いは、日本語が母音止まりの言語であるのに対し、韓国語は子音止まりの言語であるということである。子音止まりの韓国語が母音止まりの言語に変化した過程を合理的に説明できなければ、日本語と韓国語が同系である、すなわち日本語は韓国語から派生した、とはいえないだろう。

どれだけ両者で使われている単語が同じだということを証明したとしても、それは単語が共通であるということしか意味しない。倭人は、漢の言葉を借用したように、新羅や百済の言葉も借りて使ったに過ぎないのである。

よって徐廷範氏の立証過程を全て認めるとしても、その結論は妥当ではないといわざるを得ない。徐廷範氏が立証を終えた段階では、①日本語が韓国語と同系だった可能性、②同系ではなくて単語だけ借りた可能性の二つが残るのである。日本語が韓国語から出たものだというためには、韓国語のような子音止まりの言葉が日本語のような母音止まりの言葉に変化する必然性を追加で説明しなければならないだろう。

徐廷範氏は著作の初めで、方法論を述べている。それを以下に引用する。

第一に、韓・日両国語は勿論アルタイ諸語、古アジア語・中国の祖語は単音節語で閉音節語であったが、時間を経るうちに開音節化した。〔『日本語の源流と韓国語』（三一書房／一九九六年）15頁〕

ここで、アルタイ諸語というのは、北東アジア、中央アジア、トルコ、東欧に掛けて話されている言語で、

①母音調和がある。

②膠着語である。

③主語、目的語、述語、の語順を取る。

④語頭のRの発音を嫌う。

という特徴がある。

母音調和というのは、母音の組み合わせ方に一定の制限があることをいう。膠着語というのは、語頭や語尾の変化で意味を繋ぐことをいう。日本語の動詞の活用変化形がそれに当たる。日本語はアルタイ諸語に含まれるという説と、含まれないという説とがある。

閉音節語というのは、語尾が子音で止まる単語をいう。開音節化というのは、語尾の子音に母音がついて、母音止まりの単語になることをいう。

さて、徐廷範《ソジョンボム》氏は、この部分に続けて、以下のように書いている。

たとえば日本語のカニ（蟹）という二音節語は、もとはカン（kan）という単音節語だったが、イ（i）という接尾語が付いてカニ（kani）になった。カン（kan）はいうまでもなく閉音節語である。

また日本語のホシ（hosi、星）という二音節語は、単音節語であるホㇲ（hos）に〝イ〟という接尾語がついて二音節語になった。

日本語のハ、ヒ、フ、ヘ、ホは、韓国語のパ（pa）、ピ（pi）、プ（pu）、ペ（pe）、ポ（po）と対応するから、ホㇲ（hos）はポㇲ（pos）に再構できる。

更に末音sはもとt音から変化した音である。韓国語で笠はカッ（kat）というが、日本語ではカサ（kasa）となる。韓国語では現代語でも単音節語カㇲ（kas）である。韓国語では単音節で閉音節語であるのに対し、日本語は二音節で開音節化している。

このように考えていくと日本語ホシ（星）の祖語は、単音節語であるポッ（pot）ということになる。これは韓国語ピョル（pyəl）の祖語ポッ（pət）と対応する。また蒙古語の星の祖語ポッ（pot）、満州語の星の祖語プッ（put）とも共通している。

祖語は単音節語で閉音節語であっても、上の例のように通時的に開音節化していく。『日

本語の源流と韓国語』（三一書房／一九九六年）15〜16頁〕

徐廷範《ソジョンボム》氏はこれに続けて祖語の末音が「t」であったと主張し、「t」音の変化形を掲げる。そして以下のような結論を導く。

この法則は韓国語の音韻変化の法則に基礎をおいているが、アルタイ諸語にも適用できる。このことは韓国語が北方から南下したことを物語っており、また韓国語が日本に渡って、日本語形成の祖語をなしていることを物語る。〔『日本語の源流と韓国語』（三一書房／一九九六年）25頁〕

韓国語が北方から南下したという結論は妥当だが、韓国語が日本語の祖語になったという部分には同意できない。なお、徐廷範氏が韓国語という場合の韓国は現代の国家である韓国を指しており、古代から続く言葉を意味する表現としては妥当ではないと私は考える。しかしながら言わんとすることは通じるので、この節では、徐廷範氏の表現に準じるところでは韓国語とし、それ以外のところでは、朝鮮語、あるいは古代朝鮮語と表現することにする。

さて、日本語がアルタイ語族の特徴を総て備えているならば、氏の見解は妥当である。しかし日本語はアルタイ語族に属しているとしても、ほとんど全ての単語が母音で終わるという他のアルタイ語族とは顕著に異なる特徴を有している。これは徐廷範《ソジョンボム》氏の言う開音節化の原因となるものである。日本語で子音で終わる言葉は「ん」ぐらいである。門、麺、印、線などである。他に「っ」を上げる者もあるが、事例を思いつけない。博多弁では会話の途中で「それで」というのを「そいでっくさ」というが、これは連続音の中での子音止まりの言葉であり、終止音が子音で止まっているわけではない。

日本語は殆ど全ての単語が母音で終わるから、子音止まりの言葉が入ってくると開音節化するのは当然のことである。それを徐廷範氏は開音節化しているのは日本語が韓国語から派生しているからだとする。結果と原因を取り違えているのではないかと疑う次第である。開音節化の根本原因である日本語の母音止まりという構造が韓国語から出てきたものだといえない限りは、日本語が韓国語の派生語だという結論を導けないだろう。韓国語が日本語の中で開音節化するというのは、日本語が母音止まりの言語であるという事実を受けた結果でしかない。よってそのことをもって、日本語が母音止まりになったことの証拠にはできない。

例えば英語を借りた日本語の単語に「ショッピング」というのがある。原音に近い発音をするなら「ショッピン」である。日本語が母音で止まる言語だから、日本人はわざわざ発音する必要のない音まで「ショッピン『グ』」と発音するのである。「ホットコーヒー」の「ホッ『ト』」もそうである。「ホット」は原音に近い発音をしようとするなら「ハッ」である。こういう例はいくらでもある。総ては日本語が母音で終わるところから来ている。英語のような子音で終わる言葉を、母音止まりの日本語の中に納まり良く受け入れるためには、開音節化するしかないのである。ならばカタカナ英語が総て開音節化しているから、日本語は英語から派生した、といえるだろうか？　これは当然のことながらいえないのである。徐廷範氏の主張はこれと同じである。

Kim chi を日本人はキ『ム』チと発音する。挨拶の言葉もアンニョンハシ『ム』ニカである。二重括弧で囲った発音は間違った発音である。本来なら子音で発音しなければならないのに、日本人は母音をくっつけて発音している。それが日本語の特徴なのである。

長々と事例を示したが、これと同じ事が古代朝鮮語の単語を借りた時にも起こったのである。朝鮮語は子音で終わる言葉である。倭人は母音止まりで発音しないと落ち着かない。それで子音終わりの単語に母音をつけ加えた。それが開音節化という現象である。再度いうが開音節化は結果であって原因ではない。重要なのは開音節化を起こす根本原因である母音止まりという日本語の特徴が、なぜ起こったのか、ということである。

日本語が朝鮮語から派生したというためには、古代朝鮮語がアイヌ語などと出会ったときに、母音で終わる言葉に変化する、などといったことがいえなければならない。韓国語は未だに子音止まりの言葉であるのに対し、韓国語から派生したはずの日本語は、似ても似つかない母音止まりの言語だからである。

以上、徐廷範《ソジョンボム》氏は著作において開音節化そのものが起こった原因を説明しないで、それがあるのは当たり前という大前提で論を進めている。これでは、韓日両国の言葉が共通の単語を用いたということはいえても、日本語が韓国語からできたとまではいえない。よって筆者は、徐廷範氏が示した証拠は、使えないと判断した。証拠としての立証が不完全だからである。

池橋宏氏は徐廷範氏の著作を読んで日本語の母音止まりは韓国語からきていると判断されたようだが、もしそうならそれは間違いか誤解である。徐廷範氏は日本語がなぜ母音止まりになったのかについては、何の説明もしていないからである。使っている単語の共通性を証明して、特定の日本語の単語が韓国語から派生したと主張しているだけでの事である。筆者は共通した単語を用いているという点については賛同する。しかし日本語が韓国語から派生したということについては何の証明もなされていないと、注意を喚起したい。徐廷範氏の著作からいえるのは、日本語は、多くの韓国語の単語を借用した、ということだけである。

筆者の推測である。

日本語も、もとはアルタイ語族の一つだった。それはつまりアルタイ地域に共通の祖先が住んでいたということである。倭人即ち「日本人」の祖先も、もともとは子音止まりの言葉を話していた。「韓国人」の先祖は大陸を東に移動したが、倭人の祖先は途中で大陸を南下し、長江の辺りに至って稲作を学んだ。

いつどこで言葉が母音止まりに変化したのかは分からない。しかしそのような大事件がどこかで起き、稲を持った人々は山東半島から朝鮮半島南部に難民として戦火を逃れてきた。この時点で倭人はアルタイ語系ではあっても母音止まりの言葉を話すようになっている。

倭人の住んでいる地域に圧倒的な文明を持った、扶余人や高句麗人、百済人が入ってくる。その影響を受けて騎馬民族が使う多くの単語を倭人も使うようになったが、母音止まりの構造にまでは影響を与えなかった。倭人は古代朝鮮語の単語を借用しただけである。

半島の倭人は、戦争がある度に難民として、日本列島に移住していく。騎馬民族は常に南下をしている。倭人の国家は、遂には半島から追い出される。半島に残った倭人は、その言葉が騎馬民族の言葉になる。即ち倭語を忘れて朝鮮語を話すようになる。彼らは血統的には倭人でも、精神的には朝鮮人になった。

日本列島に逃げ込んだ倭人の言葉は以前と同じである。単語の殆どは漢語や朝鮮語とのうちゃんぽん言語だったが、母音止まりの言葉を話すという、基本構造は変わらなかった。渡来人の多くは朝鮮語と倭語を話すバイリンガルだったが、彼らが亡くなると彼らの朝鮮語は消えた。渡来人は血統としては倭人や騎馬民族や、またそれらの混血も居たが、彼らはみな日本語を話す日本人になった。

仮に日本人が騎馬民族から派生した民族だとすると、日本語が母音止まりであるということ。また渡来人が古代朝鮮語しか使ってなかったとすると、大化の改新頃まで使われていた朝鮮語が忽然と消えて奈良時代には、日本語だけになってしまうということ。この二つの不思議を説明できない。

仮説として思いつくのは、二つの民族は別系統の民族であり、使っていた言葉は同種ではあっても別系統の言語であるということである。ただし倭語が大量の古代朝鮮語の単語を借用したであろう事は間違いあるまい。

韓国が日本の植民地にされたことにより、民族としての自尊心が大いに傷つけられたのは事実である。しかし歪んだナショナリズムで、日本の優位に立とうとするのは、真実を探求するという立場からはあってはならないことである。

さて、以上長々とみてきたが、弥生人の大もとの先祖がどこから来たかは不明である。しかしながらその次の事実として、朝鮮半島の中に日本の弥生人となる人々は居たのである。弥生人は、扶余人と混血をしても文化的には扶余人化せず、稲作を行い、断髪文身する倭人文化を持ったまま「日本」に避難したと考えられる。筆者は日本の倭人＝弥生人は戦乱の度に戦火を逃れて朝鮮半島から「日本」に避難した戦争難民だったと思っている。稀には好奇心から「渡来」した人もいたかも知れないが、平和に稲作を続けられるなら、誰も知らない土地に飛び込んで行くなどということはしないだろう。狩猟採取の時代なら常に移動をするだろうが、農業で定着を始めた人類には、戦乱や気候変動以外の理由で移動する必然性はないからである。同じく山東半島から朝鮮半島に来た人々は、舟による交易よりも、戦乱を避けて逃れてきたという意味合いの方が強かったのではないだろうか？

朝鮮半島の南部は現在もそうであるが、稲作の適地である。倭人はここで爆発的に人口を増やしただろう。そこへ北から騎馬民族がやってきて、倭人を略奪し、混血が進んだのである。倭人に育てられた子供は、遺伝的には扶余人の血を引いていても、文化的には倭人である。彼らは戦乱がある度に難民となって「日本」に避難した。こうして日本でも背の高い弥生人の時代が始まるのである。こうしたことは竹内均氏の『Newton別冊　日本人のルーツ』（ニュートンプレス／二〇〇〇年）中の血液型から推測した民族の流れとも一致する。

弥生人は遺伝的には扶余人の特徴を有していても、話していた言語は倭語であった。それは「日本」で倭語が使われ、それが現代の日本語に続いているという事実から推測できる。もし扶余人と倭人の混血した子が扶余文化に属していたならば、その者は略奪する側の人間になる。略奪されて「日本」に逃れたのは、混血ではあっても倭人文化に属する人間が殆どだったはずである。

倭語は倭人が住んでいた地域で用いられた言語である。図一（13頁）を見て頂きたい。この図の馬韓、弁韓、辰韓となる地域では、倭語が共通言語だったはずである。しかし百済ができる頃は、倭語は南下していただろう。倭人は追い立てられていたのである。それでも任那が滅びる頃までは馬韓の海岸部と弁韓それに辰韓の海岸部では倭語が使われていたと推測する。しかし任那が滅亡してからは、倭語は使い道がなくなり、扶余語だけが話されるようになる。百済が滅びると完全に使い道がなくなる。こうして朝鮮半島の倭語は消滅した。

馬韓、弁韓、辰韓、について、魏志韓伝から以下に引用する。参照したのは今鷹真・小南一郎訳による『正史三国志』(ちくま学芸文庫/二〇〇七年)である。魏志倭人伝は魏志韓伝のあとに書かれている。

韓は帯方郡の南にあり、東西は海で限られ、南は倭と境を接して、その広さは縦横四千里ばかりである。三つの種族があって、一つは馬韓、二つ目は辰韓、三つ目は弁韓である。辰韓というのは、古の辰国である。

馬韓は三韓の内の西部に位置する。その民は定住していて穀物を植え、養蚕の技術を知っていて、綿や布を織る。それぞれに長帥《ちょうすい》(酋長)がおり、大きなものは自らを臣智《しんち》と呼び、それに次ぐ者は邑借《ゆうしゃく》と呼ばれる。海や山に散らばって住み、城郭はない。(国の名前省略)。全部で五十余国がある。大きな国は一万余家、小さな国は数千家で、全部合わせると十余万戸になる。辰王は月支国にその宮廷を置いている。(官の名前省略)。

朝鮮侯の準《じゅん》は朝鮮王を僭称していたが、燕《えん》から亡命してきた衛満《えいまん》の攻撃を受けて国を奪われ、その側近と宮女を引きつれて海に浮かび、韓の地に住み家を定めると、勝手に韓王を名乗った。その王系は途絶えたが、現在も韓の国にはその祭祀を続けている者がある。

漢の時代には楽浪郡の支配下に置かれ、季節ごとに役所にやってきて朝謁をしていた。

魏略を引いた注書き省略。

桓帝から霊帝の末年にかけての頃（一四七〜一八九）になると、韓濊《わい》（韓に近接した濊族？）の力が盛んとなって、楽浪郡やその配下の県の力ではそれを制することができず、民衆は多く韓国に流入した。建安年間（一九六〜二二〇）公孫康《こうそんこう》は屯有県以南の辺鄙《へんぴ》な土地を分割して帯方郡を作り、公孫模《も》や張敞《ちょうしょう》らを遣ってこれまで取り残されていたその地の中国の移民たちを結集し、兵を起こして韓濊をうたせた。その結果、韓国に流入していた移住民たちも少しずつ戻ってくるようになった。これ以後、倭と韓とは帯方郡の支配を受けることになった。景初年間（二三七〜二三九）明帝は帯方太守に任じた劉昕《りゅうきん》と、楽浪太守に任じた鮮《せん》于《う》嗣《し》とを遣り、秘密裏に海からそれぞれの郡に入って郡を平定させた。その後韓の諸国の臣智たちに邑君の印綬《いんじゅ》を授け、それに次ぐ実力者たちには邑長の位号を授けた。この地の人々は礼服や幘《さく》（頭巾）を好み、下戸の者たちが郡の役所に出て目通りをすると、みな礼服や幘を貸与され、自分で勝手に印綬や礼服や幘をあつらえて身につけるものが千人以上もいる。

部従事の呉林《ごりん》は、楽浪郡がもともと韓国を統治していたことから、辰韓の八国を分割して楽浪郡に併合させようとしたが、役人や通訳たちが様々な意見を述べてまとまらずにいるうち、〔韓族の〕臣智がその地の人々の怒りをあおり立てて、帯方郡の崎離営《きりえい》（兵営の名か）に攻撃をかけた。これに対し〔帯方郡〕太守の弓遵《きゅうじゅん》と楽浪太守の劉茂とは、兵を起こして征討を行い、弓遵はその戦いで死んだが、二つの郡の軍はそのまま進んで韓を滅ぼした。

彼らの間の統治機構は未発達で、国々の邑《みやこ》に主帥《しゅすい》（統率者）はいるが、地方の邑落は無秩序に散在し、それらをうまくまとめてゆく者はいない。彼らにはひざまずいて拝する礼はない。その住み家は草屋根で土壁を巡らせた建物で、形は冢《つか》のよう、入り口はその上部にある。一家すべてがその中で暮らし、長幼男女の別がない。その埋葬には、槨《かく》（墓室）はあるが棺はない。牛や馬に乗ることを知らず、牛や馬はすべて副葬品に当てられてしまう。瓔《えい》（玉に似た美しい石）や珠（真珠）を財宝とし、上着に縫い付けて飾りとしたり、首や耳にぶら下げたりする。金や銀、錦や繍は珍重されない。人々の性格は気が強くて勇敢で、頭髪をぐるぐる巻きにして結っただけで、何もかぶらない。その格好は炅《けい》（炅母？）

の兵士たちと似ている。布製の袍《わたいれ》を着て足には靴の蹻蹋《きょうとう》（くつの一種）をはく。その国都で大事業がおこされたり官の命令で城郭を築いたりするときには、若者たちの中でも勇敢で意気盛んな者たちは、それぞれに背中の皮に穴をあけ、太い綱でその穴を貫いて、さらに一丈ばかりの木にその綱をかけわたし（?）、一日中かけ声をかけながら仕事をする。痛みは感じず、工事がはかどる上に、雄々しいとされる。毎年五月に種まきが終わると、鬼神を祭り、人々が群集して歌舞し、昼夜ぶっ通しで酒を飲む。その時に舞われる舞は、数十人が立って、一つながりになって地を踏み、手足を下げたり高く上げたりして音楽のリズムに合わせる。中国の鐸舞《たくぶ》（鐸を持ってまう舞）に似たところがある。十月に農作業が終わったあとにも、同様の行事がある。鬼神を信じ、国々の邑《みやこ》ではそれぞれ一人を選んで天神の祭りを司らせ、その者を天君と呼ぶ。またそれぞれの国にはおのおのもう一つの邑《みやこ》があって、蘇塗《そと》という名で呼ばれる。そこには大きな木が立てられ、それに鈴《れい》と太鼓とをぶら下げて、鬼神の祭祀を行う。逃亡者たちもその場所に逃げ込むと、連れ戻されることがないため、〔そこを隠れ家として〕盛んに悪事をはたらく。蘇塗を立てることの意味は、仏教徒の浮屠《ふと》（仏塔）と似たところがあるが、そこで行われることは、一方は善事、一方は悪事と全然異なっている。彼らのうちでも北部の〔楽浪・帯方〕郡に近い国々の者たちは、いささか礼儀や習わしをわきまえているが、郡から遠く離れた所に住む者たちは、まったく囚徒や奴婢が集まっているような状態である。特別の珍宝は産出しない。禽獣や草木はほぼ中国と同じである。大きな栗の木を産し、梨ほどの大きさがある。また細尾鶏（長尾鶏）を産し、その尾の長さはみな五尺以上もある。男たちには時に入れ墨をする者がある。また州胡《しゅうこ》と呼ばれる民が、馬韓の西方の海中の大きな島に住む。その人は身の丈がやや小さく、「言葉は韓とは異なる。みな頭髪を剃っているのは、鮮卑に似ているが、ただ〔鮮卑とは違って〕韋《かわ》の衣服を着、牛や豬《ぶた》を盛んに飼う。その着物は上着だけで下はなく、殆ど裸と変わらない。船で往来し、韓の土地にやって来て交易を行う。

辰韓は馬韓の東方に位置する。その地の古老が代々いい伝えるところでは自分たちは古《いにしえ》の逃亡者の子孫で、秦の労役を逃れて韓の国へやって来たとき、馬韓がその東部の土地を割いて与えてくれたのだ、とのことである。その居住地のまわりには城壁や柵がめぐらされる。彼らの言葉は馬韓とは異なり、国のことを邦といい、弓のことを弧《こ》といい、賊のことを寇《こう》といい、行酒（さかずきをまわして順々に酒を飲む）のことを行觴《こうしょう》といい、互いに自分たちのことを徒と呼び合うなど、秦の人の言葉と似た点があって、燕や斉の地における者の呼び名と共通点があるというだけに留まらない。楽浪郡の人のことを阿残《あざん》と呼ぶ。東方の人々は自分のことを阿と呼ぶが、楽浪の人はもともと自分たちの残余《のこり》だから、「阿残」と呼ぶのだという。現在でも彼らのことを秦韓と呼ぶものがいる。もともと六国であったが、だんだんと分かれて十二国になった。

弁辰《べんしん》も十二国からなり、さらにいくつかの地方的な小さな中心があって、それぞれに渠《きょ》帥《すい》（首領）がいる。勢力が大きい者は臣智と呼ばれ、それより一等下がって険側《けんそく》、それより下がって樊濊《はんわい》、それより下がって、殺奚《さっけい》、さらにその下に邑借《ゆうしゃく》と呼ばれる者がいる。国の名前省略。斯盧《しろ》国、優由国などの国がある。弁韓と辰韓とで合わせて二十四国、大きな国は四、五千家からなり、小さな国は六、七百家からなって、あわせて四、五万戸がある。その内の十二国は辰王に属している。辰王の王位はかつて馬韓の者がつくことになって以来、代々ずっとそのままで来た。辰王の位は〔馬韓に限られていて、辰韓のものが〕自ら王位につくことはできない〔二〕。

土地は肥えていて、五穀や稲を植えるのに適し、人々は養蚕の業に通じて縑布《かとりぎぬ》を織る。

牛や馬に乗ったり車を引かせたりする。婚姻の礼には、男女ではっきりとした区別がある。大きな鳥の羽を死者に随葬するが、死者に天高く飛んで行かせようと意図してそうするのである。この国は鉄を産し、韓、濊、倭はそれぞれここから鉄を手に入れている。物の交易にはすべて鉄を用いて、ちょうど中国で銭を用いるようであり、またその鉄を楽浪と帯方の二郡にも供給している。人々は歌舞や飲酒がすきで、瑟《しつ》（大琴）があるが、その形は筑に似て、演奏すればちゃんとした音楽をなす。子供が生まれると、すぐ石でその頭を押さえつけて、扁平《へんぺい》にしようとする。現在の辰韓の人はみな頭が扁平である。男女の様子は倭人たちに近く、入れ墨もしている。歩兵戦に巧みで、兵器は馬韓と同じである。風習として道で人に会うと、みな足を止めて譲り合う。

〔一〕『魏略』にいう。確かに彼らが逃亡の民であればこそ、馬韓の支配下にあるのである。

弁辰は、辰韓の者と住む場所が入り組んでおり、彼らも居住地のまわりに城郭を作る。衣服や住居は辰韓と同じで、言葉や掟《おきて》も似ているが、鬼神の祭祀に違いがあり、竈《かまど》はみな家の西側に置かれる。弁辰の内の瀆盧《とくろ》国は、倭と境を接している。十二の国には、さらにそれぞれ王がいる。弁辰の人々の体つきは大柄であり、衣服は清潔で、髪を長く伸ばしている。また幅の広いきめの細かい布を織る。掟はきびしい。［『正史三国志』（ちくま学芸文庫／二〇〇七年）460～469頁。ルビ、かっこ書きは原著］

ここで述べられている入れ墨や歌垣と思われる歌舞などは、明らかに倭人のものである。天神の祭りを司る者を天君と呼んだり、死者に大きな鳥の羽を随想するのは、北方系の習俗である。弁辰の人間の背が高いというのは、扶余人と倭人との混血が進んでいることを意味している。蘇塗《そと》という聖域は南方のアニミズムに、北方のシャーマニズムが混交してできたものだろう。

この地域での意思疎通が、何語でなされていたのか、が問題になる。それは以下で検証していくが、筆者は倭語でなされていたと推測する。頭の中が倭語ならば、血統の如何を問わず、その人たちは倭人である。文化的倭人といった方がより正確かもしれない。扶余人のように体が大きくても、倭語を話すならば、その者たちは倭人なのである。

中国大陸の呉や越に居た頃とは、風俗も習慣も大いに異なっているかもしれないが、倭人は朝鮮半島南部で繁栄し、北からやって来た扶余人や中国人と混血をして、馬韓、弁韓、弁辰という、部族国家を形成するに至っている。そしてそれらの国の南の海岸沿いには、まだ扶余人の影響を余り受けてない、倭人が暮らしていたということが分かる。
卑弥呼と同時代の朝鮮半島の南部はこういう状況だった。

バイリンガルがいた時代

日本書紀允恭天皇四二年（四五三年）に次の記述がある。引用は歴史、国文学者である宇治谷孟氏の『全現代語訳日本書紀　上・下』（講談社学術文庫／二〇〇七年）による。直後の引用のかっこ書きは筆者が補った。

冬十一月。新羅の（允恭天皇の）弔使らは、喪礼を終わって帰った。新羅の人は京のほとりの耳成山《みみなしやま》や畝傍山《うねびやま》を愛した。琴引坂《ことひきのさか》についたとき、ふりかえって「うねめや、みみはや」といった。これはこの国の言葉に馴れず、畝傍山《うねびやま》を訛ってうねめと言い、耳成山《みみなしやま》を訛ってみみといったのである。このとき倭の飼部《うまかいべ》が新羅の人に従って、この言葉を聞いて疑って思うのに、新羅人が采女に通じたのだろうと考えた。帰って大泊瀬《おおはつせ》皇子に申し上げた。皇子は新羅の使者を捕らえて調べられた。新羅の使いは「采女を犯すようなことはありません。ただ京のほとりの二つの山を愛でただけです」といった。間違っていたことが分かってみな許された。しかし新羅人は大いに恨みとして、改めて貢ぎの品物や船の数を減らした。[『全現代語訳日本書紀　上・下』（講談社学術文庫／二〇〇七年）上275頁。ルビと強意記号は原著]

「うねめ」というのは、天皇や皇后に使える女官のことである。さて、ここでのやりとりに通訳は居たのだろうか？　記述の生々しさから、通訳を介さず、直接新羅の使者と大泊《おおはつ》瀬《せ》皇子とが言葉を交わしたと筆者は思うのだが、どうだろうか。これ以外にも日本書紀には朝鮮からの使者がたびたびやって来るし、大和からも任那にたびたび人が行っている。積極的に通訳がいた、とは書かれていない。こうしたことから、言葉は、通訳の必要が無いレベルで通じていたと考えても良いのではないだろうか。

ならば、使われていた言語は何語だったのだろうか？『日本の中の朝鮮文化』（講談社

／一九七二年）を書いた作家の金達寿《キムダルス》氏は、「新撰姓氏録《しんせんしょうじろく》」に出てくる名前の八割以上が渡来人やその子孫たちであるということから、当時の奈良の都の八割が朝鮮から来た者であったと推測した。そして新羅や百済の使節が来たときに通訳が居ないことから大和朝廷の人間と新羅人、百済人は、言葉が通じていたと推測した。その言葉が何だったのかは、はっきりとは書いてないが、おそらく朝鮮語で話していたと考えていたように思う。

満州族が清朝を建てたときは、圧倒的大多数が中国語の民であった。だから支配層は三代目には満州語を話せなくなっていた。しかし日本の場合、清朝と状況は異なる。「新撰《しんせん》姓氏録《しょうじろく》」から、当時の支配層の八割は、朝鮮人だったと分かる。また、経済学者の鬼頭宏氏が著した『人口から読む日本の歴史』（講談社学術文庫／二〇〇二年）からは、日本人全体の八割が朝鮮人だったと分かる。つまり上も下も八割が朝鮮人だったのである。よって清朝で起こったのと同じ事が日本で起こったとは考えづらい。当時の日本で話されていた言葉は、当然に「朝鮮語」でなければならない。そうだったはずである。しかしそう考えると、現代日本で「朝鮮語」が話されてないという事実を説明できなくなる。現代日本で話されているのは、「日本語」だからである。朝鮮語は、いつどこで消えてしまったのだろうか。そしてまた、日本語はいつどこから、忽然と現れたのだろうか。

金達寿氏が朝鮮語が使われていたのではないか？　と控えめながら予測したのは、筆者が上げたような疑問を氏も抱いていたからだろうと思う。

朝鮮語が使われていたという判断は、無意識のうちに朝鮮人は単一民族、朝鮮半島で話されていた言葉は朝鮮語、と思っていたからだろう。

しかしこれは、後で言及するが、完全な思い込みである。筆者は任那日本府が滅びる頃までは、朝鮮の新羅、任那、百済では倭語も話されていたと考える。そして多くの者はバイリンガルであった。だから新羅人や百済人は、大和朝廷とは、倭語で意思疎通をしていたのである。「朝鮮」の倭語はその後扶余語に淘汰されて消えてしまう。だから現代の朝鮮では朝鮮語しか話されてないのである。

日本の大和朝廷で「朝鮮語」が使われていて、それがその後、消えたわけではないのである。古代日本では、「朝鮮語」は公用語ではなかった。もちろん話せる者は多くいたし、単語レベルでは朝鮮語の単語を多く借用していた。しかし意思疎通に必要な言葉としては、倭語が使われていたのである。「渡来人」の母語は倭語だったと考えなければ辻褄が合わない。

伽耶諸国は文化的にも扶余族の影響を受けている。この地域は卑弥呼の時代では、弁韓、あるいは弁辰と呼ばれていた地域である。建国神話が、天孫降臨の形を取っているから、伽耶諸国を建国した人は扶余系であることは間違いないだろう。おそらくは百済の王族が、製鉄の技術を持つ人を連れて伽耶諸国に住み、そこで力をつけて、建国したのだろう。しかし彼らが使っていた言葉は倭人の言葉、すなわち倭語だった。倭語は日本では「やまと言葉」と呼ばれる言葉である。それが伽耶が滅亡し、百済や高句麗から多くの人間が新羅の地に入り込むに及んで、言葉は倭語から扶余語になったと推測する。

さて、日本書紀の記述に戻ろう。新羅の使者が「うねめ」と言ったという「め」は朝鮮語の古語で「山」という意味である。だから新羅の使者は「畝傍山《うねびやま》」と言おうとして「うね山《やま》」と言ったのだった。加えて、そんな使者が口にした発音は、倭語の「うね」と扶余語の「メ」を合わせた「うねメ」というちゃんぽん言葉だった。それを飼部《うまかいべ》が全体を倭語として聞いたから「うねメ」を「うねめ」と思い込んでしまい、トラブルになったのである。新羅の使者はその後きちんと釈明ができているから、倭語をそこそこ話せるものの、流ちょうではなかっただろうと推測する。あるいは側の誰かが通訳したのかも知れない。あとで検討するが当時の多くの者はバイリンガルだったからである。

このような失敗は現代でもある。韓国語で「居ない」は「apta」であるが、発音が悪いと「オッタ」になる。

二人の在日と韓国人が金浦空港に人を迎えに行き、なかなか見つけることができなかったときのことである。在日の一人が、

「居《お》ったか?」

と聞くと、もう一人がやっと見つけて、

「居《お》った、居《お》った」

と言った。それを聞いた韓国人は韓国語で、

「ちぇっ、まだ居ないのかよ」

と言った。笑い話のようだが、実際にあった話である。

また、言葉がちゃんぽんになるのは、初学者に良くあることである。日本語しか知らない者は韓国語を習い始めの頃には、

「分かりませムニダ」

と言ったりする。これは日本語の分かりませんに、韓国語の丁寧語の語尾がくっついた形である。一方、韓国の人は、日本語を習い始めの頃には、語尾にやたらと「ヨ」をつける。「ヨ」は韓国語では丁寧語である。それで日本語で話し、その語尾に「ヨ」をつける。

「それはですヨ。できますヨ。大丈夫ですヨ」

日本人はこうした韓国人の発言を聞いて、しつこい、と感じる。しかし話している韓国人は、必死で丁寧に言おうとしているのである。日本人はこういう話されかたをすると腹を立てる。それを韓国人は理解できない。商談に失敗した韓国人は、自分が使っている日本語に原因がある、ということを知らない。

さらには「自分がします」というべき局面で、韓国語を直訳して、「してあげますヨ」などというものだから、日本人は「どうして恩を着せられなきゃならないんだ」と、ヘソを曲げてしまう。韓国人は必死で丁寧な言い方を心がけているのに、日本人が腹を立てる理由を理解できない。商談がうまく行かない場合の原因の多くは、韓国人が日本語に未熟な場合が多い。日本人で韓国語をそこまで出来る人は少ないから、多くの日本人は、韓国人はしつこい、生意気だ、横柄だ、と感じるのである。これは再度いうが、その殆どは、誤解である。単に日本語が下手なだけ、なのである。

閑話休題。

欽明天皇二三年（五六二年）七月に、次の記述がある。時は任那滅亡の時である。大和朝廷は任那を何とか回復しようとして援軍を送る。そのときのことである。

この月（七月）大将軍の紀男麻呂宿禰《きのおまろのすくね》を使わして、兵を率い愠唎《たり》（全羅南道栄山江東岸辺か）から出発させた。副将河辺臣瓊缶《かわべのおみにへ》は居曽山《こそ》より出発した。そして新羅が任那を攻めたときの様子を問責しようとした。任那に至り、薦集部首登弭《こもつめべのおびととみ》を百済に使わし、いくさの計画を打ち合わせさせた。ところが登弭は妻の家に泊まり、機密の封書や弓矢《ゆみや》を途中で落とした。それで新羅は戦の計画をつぶさに知った。急に大軍を動員し、わざと敗北を重ねて敗北したいと乞うた。紀男麻呂宿禰《きのおまろのすくね》は、勝って軍を率い、百済の軍営に入った。軍中に令して、

「勝ったときにも負ける時を警戒し、安泰《あんたい》なときも危急に備えるというのは、古《いにしえ》の良い

教えである。今いるこの場所は、山犬と狼の交じっているような恐ろしい所である。軽率に行動して、変事を忘れてはならぬ。平安の時にも武器を身から離さぬ君子の武備を怠ってはならぬ。慎み戒めてこの注意を励行せよ」

といった。士卒等はみな服従した。河辺臣瓊缶《かわべのおみにへ》は、ひとり前進しよく戦った。向かうところ敵なしの有様であった。

新羅は白旗を掲げ、武器を捨てて降伏してきた。河辺臣瓊缶《かわべのおみにへ》は軍事のことをよく知らず、同じように白旗を上げて進んだ。すると新羅の武将は「将軍河辺臣はいま降伏した」といって、軍を進め鋭く撃破した。前鋒の被害が大変多かった。倭国造手彦《やまとのくにのみやつこてひこ》は、もはや救い難いことを知って軍を捨てて逃げた。新羅の闘将《いくさのきみ》は手に矛をとって追いかけ、城の堀に追いつめ矛を放った。手彦は駿馬に鞭うち、城の塀を跳び越え、やっと身を脱した。闘将《いくさのきみ》は城の堀の縁に立って悔しがり望み嘆いて「久須尼自利《くすにじり》」(意味不明なるも「ああ残念」という程の意か)といった。[『全現代語訳日本書紀　上・下』(講談社学術文庫／二〇〇七年)下49~50頁。ルビは原著]

ここに書かれていることが事実ならば、新羅の闘将はバイリンガルである。即ち河辺臣《かわべのおみ》に対しては、倭語で「将軍河辺臣《かわべのおみ》はいま降伏した」と恫喝し、手彦を逃したときは、扶余語で「久須尼自利《くすにじり》」と嘆息しているからである。

この時期、朝鮮半島南岸部にいた倭人は、扶余人に同化される過程の中にあった。それで倭語と扶余語とが入り交じって使われていたと推測できる。新羅や百済の将軍の全員ではないだろうが、多くの者はバイリンガルだったのではないだろうか？　それは現代の日本社会において、総連系の学校を出た多くの在日が、日本語と朝鮮語を同時に使うことができているのと、同様なことだろう。

一方、大将軍の紀男麻呂宿禰《きのおまろのすくね》は百済の軍営に入って命令を下している。聞いているのは百済の軍卒であろう。この場合、紀男麻呂宿禰《きのおまろのすくね》が倭語で話すのを、百済の軍卒がそのまま理解できたか、あるいは紀男麻呂宿禰《きのおまろのすくね》が扶余語で話したか、のどちらかである。どちらの可能性もあると思う。倭人の多い地域だから、百済人も小さいときから両方の言語環境の中で育ったと推測できるからである。

ちなみに「久須尼自利《くすにじり》」のうち「久須《くす》」は現代朝鮮語の「ク　ス」では無いだろうか？

直訳すると「その雄《おす》」という意味になるが、おそらくは「あのガキ」という意味で使っているのだろう。現代風にいうなら、「チョ　ジャシク（あのガキ）」あるいは「イ　ノム（この野郎）」だろう。「尼自利《にじり》」は現代朝鮮語の「ニギリ」ではないだろうか？「ニギリ」は現代語ではこのあとに「シバラ」と続く。「ニギリ　シバラ」は直訳すると「てめえのお袋は売女《ばいた》だ」という意味である。しかし、本当に言いたいのはその先のことで、だからお前は「売女《ばいた》の息子だ」「父親が誰だか知れない子だ」と言う意味のほうにある。英語で言うなら「Son of a bitch」である。これを言うときは「くそったれ！」といいたいときである。

なお「ニギリ」は慶尚道の方言である。標準語では「ニ　エミ」と言い「お前の母ちゃん」という意味である。ここでは「ニギリ」に続く「シバラ」を聞き取れなかったか、あるいは闘将が省略したかだろう。朝鮮語の中ではもっとも汚い言葉の内の一つである。以上よりこの闘将は、扶余語ネイティブのバイリンガルだと推測できる。

欽明天皇の次の天皇である敏達天皇一二年（五八一）冬一〇月には次の記述がある。これは五六二年に滅ぼされた任那の復興計画を練るために百済にいる日羅を呼びにやる場面である。

紀国造押勝《きのくにのみやつこおしかつ》らは百済から帰り、朝廷に復命して、

「百済国王は日羅《にちら》を惜しんで、日本に来させることを許しません」

といった。この年、また吉備海部直羽島《きびのあまのあたいはしま》を遣わして、百済に日羅を召された。羽島は百済に行き、まずひそかに日羅を見ようとして、ひとり自ら日羅の門のところまで行った。しばらくすると家の中から韓《から》夫人があらわれ、韓語でいうのに、

「あなたの根を私の根の内に入れよ」

といって家の中に戻った。羽島はすぐにその意を解して、後についていった。すると日羅が迎えにきて、手を取って座席へ座らせた。そしてこっそり告げて、

「手前がひそかに聞くところでは、百済王は天朝を疑っているらしく…」以下省略。〔『全現代語訳日本書紀　上・下』（講談社学術文庫／二〇〇七年）下63頁。ルビは原著〕

この部分、当事者が何語に属している人間か、という意識がないと、何となく読み過ご

してしまう部分である。特に韓《から》夫人が「あなたの根を私の根の内に入れよ」という卑猥とも思える内容の言葉がなぜ唐突に出てきたのかが理解できない。「あなたの根」とは古事記に書かれた「成り成り成りて成り余れるところ」即ち男性器であろう。「私の根」とは同じく「成り成り成りて成り合わざるところ」即ち女性器であろう。それを会うやいなや「私の内に入れて」と言われたのである。羽島はいきなり人妻から言い寄られたのだ。一体どうなるのか、卑猥な展開になるのかと思って読み進めると、日羅が迎えに出てきて話は本来の内容で進む。

詳しく検討してみる。まず韓《から》夫人というのは扶余人の女性という意味なのか、韓《から》に住んでいる女性という意味なのか判然としないが、日羅の奥さんであることは確かだろう。彼女がなぜ「あなたの根を私の根の内に入れよ」という卑猥な言葉を言ったのかはこの時点では分からない。しかし、この疑問を解く鍵は、すぐ直後の「羽島はすぐにその意を解して」と「日羅が迎えにきて」にある。このことから羽島は、韓《から》夫人が自分を誘惑しようとしたのではなく「どうぞお入りください」と言おうとして「あなたの根を私の根の内に入れよ」と韓語で言ったと理解し、日羅が迎えに来たことでその解釈が正しかったという展開になっている。韓夫人はなぜ言い間違えたのだろうか？

筆者の解釈である。羽島は朝廷と百済を行き来していることからバイリンガルである。日羅もおそらくはバイリンガルである。問題は韓夫人だが、彼女は「韓語」で言い間違いをしている。この夫人は韓夫人と書かれているが、百済に住んでいながら血筋の如何を問わず倭語がネイティブである。扶余語は、とんでもない言い間違いをするぐらいにできない人である。彼女は羽島を扶余人と見間違えたから、つたない扶余語を使って、「どうぞお入りください」と言ったつもりだったのに、実は赤面するぐらい変なことを言ってしまったのである。この場面はこのように解釈して、初めて違和感なく読むことができる。

韓夫人は現在の民団系の在日コリアンのようなものだろう。日本語は自在に操れるのだが、韓国語は殆ど知らない。必要に迫られて韓国語を話すと、とんちんかんなことを言ってしまう。これとまったく同じ事がここでは起こったのである。

在日韓国人が韓国に言葉を習いに行き、習い始めの頃にした間違いにこういうのがある。彼は言葉はできないものの、大きな声で明るく話そうと努めていた。夕飯の時間になった。箸を持ち、両手を合わせて、「いただきます」と言ったつもりで、

「チャール、モルゲッスムニダ！」

と叫んだ。同じく食卓を囲んでいた韓国人の下宿生はその瞬間、全員がきょとんとして顔を見合わせた。そして一拍遅れで食卓は笑いの渦に包まれた。

「チャール、モッケッスムニダ」

と言いたかったのだと、気がついたからである。最初に言ったのは、

「よく分かりません」

という意味である。「頂きます」と、発音は似ているが、その場にふさわしくない、とんちんかんな言葉だった。これと同様のことを韓夫人はしてしまったのである。

それでは韓夫人は本当はどう言いたかったのかを検討してみる。彼女は扶余語で、

「あなたの根を私の根の内に入れよ」

と言っている。根というのは現代韓国語では「プリ」という。おそらくこれは「パル（足）」の言い間違いだろう。現代ではこの二つの言葉の発音はだいぶ離れているが、この時代では、もっと近かったのかもしれない。初めの「根」は「足」だろうが、二番目の「根」は「足」では意味が通じない。これは「足」と同じ発音の「パァル（すだれ）」を言い間違え

たのではないだろうか？　韓夫人が言い間違えないで言ったとしたならば、彼女はこう言いたかったのである。

「あなたの足を、家《うち》のすだれの中に入れよ」

つまりは、

「中へどうぞ」

と言いたかったのだ。羽島はそのように理解したから、後ろに従って入り、期待していた通り日羅に会えたというわけである。

以上より韓夫人は倭語ネイティブの百済にいる女性だといえる。彼女が殆ど扶余語ができないことから、彼女の周りにいる人は、多くの人が倭語が使える、ということが推測できる。彼女は倭語しかできないのに生活できているからである。恐らく多くの百済人は倭語だけで生活できていただろう。そして同時に多くの者がバイリンガルだっただろう。

さて、それではどうしてこの話が日本書紀に記録されているのだろうか？　先の在日コリアンがした失敗は、韓国語ができる者が聞くと、日本語しかできない者よりも反応が早く、しかも、もっと面白い。聞いた瞬間に間髪を入れずに笑う。

バイリンガル同士なら「言葉を習いに来た在日が食事の時に『チャル　モルゲッスムニダ』と言った」と聞いただけで可笑しくて大笑いをするだろう。日本語しか知らない人間は、解説をしてもらわないと、その可笑しさが分からない。言葉を知っているか知らないかで、雲泥の差がでる。

日本書紀に書かれた韓夫人の話も当時のバイリンガルが、「こんな面白い話があったんだ」と言い交わしていたから、記録として残り、日本書紀にも採用されたのだろう。つまり日本書紀が書かれるより五〇年ぐらい前までは、大和朝廷の官僚の多くはバイリンガルだったから、この笑い話を面白おかしく言いあっては楽しんでいたのである。共通の土壌があるから、笑い話として通用していたのである。

しかし時が経つと日本語しか知らない者ばかりになり、どうしてこんなことが書かれているのか理解不能、ということになってしまったのである。逆に言うと、理解不能な部分は韓国語の知識で挑めば理解できる、ということである。

これは現代の韓国に於いても同様である。植民地支配で日本の教育を受けた官僚がいた頃は、在日コリアンの日本の住所は戸籍にハングルで、日本読みで書くか、漢字で書かれていた。しかし近年その時代の人たちがみな退職して引退し、その上電子化したので、日本の住所は、漢字をそのまま韓国式に発音して、ハングルでコンピューターに入力しなおしている。だから何を書いているのか意味不明、ということになる。例えば日本語を知っている官僚が居た頃は「下関」は漢字で「下関」と書かれたりハングルで「シモノセキ」と書かれていた。その下の住所も日本語の発音をそのままハングルで表記していた。しかし今では「ハグァン」である。筆者がいま住んでいるところは、「シンネチョンヒョン フェンビンシ」になる。「神奈川県横浜市」を韓国語で発音するとそういう表記になってしまうのだ。自分の戸籍ならまだ分かるが、他人の戸籍となると、日本の住所を探り当てるのに困難を極める。筆者が経験した中では「テジャプンポ」とハングルで書かれたものが、「大字豊浦《おおあざとようら》」だと分かるのに一〇分ぐらいかかったことがある。ことほど左様にバイリンガルと、一方の言葉しか知らないものとの差は落差が激しいのである。古代の日本にあっても、日本書紀を書く以前の数一〇年の間に扶余語は失われて、あとの時代の人間はそこに何が書かれているか分からなくなってしまったのである。

これは現代日本の在日コリアン社会で、一世が死に絶えたことで韓国語が消え、また韓国では日本語教育を受けた世代が死んで日本語が消えていくのと全く同じである。

閑話休題、以上見てきた通り、古代の任那を初めとする半島の諸国と大和朝廷との公用語は倭語だったと推測する。倭人は、血筋は扶余系であっても文化的には倭語を話していた。また多くの者がバイリンガルだった。だから半島から八割もの人間が来ても、言葉は倭語のままだったのである。日本書紀にはその痕跡が、僅かだが残されている。そして半島で倭語が失われたのと同様の理由で、「日本」でも扶余語を使うことがなくなり、バイリンガルの寿命が尽きて、扶余語は失われた。この結果バイリンガルの知識を前提にして書かれた部分は、日本語しか分からない子孫には、何のことやら分からない意味不明な個所になってしまったのである。

第二章　大王が来た道

日本の天皇家はどこから来たのだろうか？　古くは東京大学名誉教授で考古学者の江上波夫氏が騎馬民族国家説を唱え、また作家の松本清張氏も歴史を推理して、朝鮮半島から「夫余人」がヤマトを征服したと考えた。これに対し民俗学者で地名学者でもある谷川健一氏は『白鳥伝説』（集英社／一九八六年）で北部九州すなわち日本国内の「倭人」がヤマトを征服したと考えた。

筆者は先人たちとは意見を異にしている。筆者の結論は、「扶余《ふよ》の血を引く朝鮮半島の倭人」がヤマトを征圧したと考えている。具体的に言うなら、加羅の首露の子孫で金官伽倻の第四代の王である居叱弥《コチルミ》王（在位二九一～三四六年）の兄弟の誰かである。こう言うと直ぐに多くの韓国人や在日は「天皇陛下は朝鮮人だ」と言いだす。首露が金海金氏《キメキムシ》の始祖だからである。しかしこの発言はためにする者の発言であって、歴史を客観的に知ろうとする者の発言ではない。

現代では国籍法があるので、どの文化に属しているかということとは関係なく、国籍を定める。日本語しかできない在日韓国人も、明治より前の時代ならば日本人だが、現代では韓国人とされる。秀吉が強制連行で連れてきた一〇万人の朝鮮人も国籍法などない時代だったから、全員が日本人になった。また江戸で三代暮らせば江戸っ子と呼ばれたように、国籍法がない時代では、言葉や感性が通じ合えば、仲間だとみなされた。つまり近代以前では、母語が同じ者は同じ民族だったのである。これは血統とは関係が無い。父親が扶余人であっても、その者の母語が倭語なら、その者は倭人なのである。現代と近代以前とではこの点が異なるということを念頭に置いて頂きたい。

大王は倭人文化に属していた。だから父親や先祖が扶余人であっても、大王は、倭人である。それゆえ「天皇陛下は朝鮮人」というのは間違いである。金海金氏《キメキムシ》は韓国人であり、ヤマトを征圧した大王は倭人だった。そして天皇陛下は日本人である。

「天皇陛下は朝鮮人」というときの「朝鮮人」というのは、戦前の日本が作り出した皇国史観に基づく、朝鮮人を劣等民族とみなした意味での「朝鮮人」と同じニュアンスを含んでいる、と筆者は感じる。差別されたから差別し返そうという意図を含んだ発言である。日本のかつての差別を不当と思うのなら、自分も同じ事をしてはならないのである。筆者は純粋に過去を温《たず》ねたいだけである。

さて、大王の結論が「扶余系の倭人」であるから、扶余人の歴史からたどってみよう。それがそのまま大王が来た道になると思うからである。

天孫族が支配した国

朝鮮の歴史を学んで疑問に思うことは多々あるが、最初に驚くのはその神話である。筆者が韓国に語学留学に行ったときには歴史の授業もあった。歴史の先生はプライドを持って檀君《だんくん》神話を教えた。朝鮮は神が嘉《よみ》し、降臨して来た国だというのだった。

朝鮮の史書である三国遺事に建国神話が書かれている。三国遺事は高麗の僧一然《イルニョン》（一二

○六年～一二八九年）によって書かれた。三国史記（一一四五年完成）が高麗が国として作った史書であるのに対し、三国遺事は一個人の立場で書いたものである。成立年代は一二七○年後半から一二八○年代中頃とみられており、朝鮮では二番目に古い歴史書である。以下に内容を書く。参考にしたのは、作家の林英樹《イムヨンス》氏翻訳による『三国遺事・上・下』（三一書房／一九七五年）である。原著には、途中意味の通りにくいところが何カ所かある。その部分は筆者が適宜、読みやすく修正した。

昔、桓国《ファングッ》（帝釈をさす）の庶子に桓雄《ファンウン》がいて、常に天下に志があり政権を執ろうとした。父が子の野望を知り、三つの高山の内の太白山《テベクサン》を見下ろしてみると、人間を広く益することができそうであった。そこで息子に天符印三個を与えて行かせて世の人たちを治めるようにした。桓雄は部下三千名を率いて太白山《テベクサン》（今の妙香山《ミョヒャンサン》）の頂の神檀樹の下に降りて来てここを神市といった。これを桓雄天王という。彼は風伯・雨師・雲師をひきいて農業と生命と疾病と刑罰と善悪などおよそ人間の三百六十余のことをつかさどって人間の世にいて治め教化した。その時に一頭の熊と一頭の虎が同じ穴に住みながらいつも神の桓雄に、人間になれますように、と祈った。するとある時神が霊効のある蓬《よもぎ》一本とにんにく二十四個を与えていった。

「お前達がこれを食べて百日間日光を見なければ人間になるだろう」

熊と虎がこれをもらって食べ、日光を二十一日間避けると熊は人間の女に変わったが、虎はいいつけを守ることができず、人間に変わることができなかった。人間の女になった熊は結婚する相手がいなかったので、いつも檀樹の下で赤ん坊を授けてくださいと祈願した。桓雄がつかの間、人間に姿を変えて彼女と結婚すると子供ができて生まれた。名を檀《タン》君王倹《グンワンゴム》といった。王倹が中国の堯《ぎょう》が即位してから五十年たった年に平壌城に都を定めて初めて朝鮮と称した。それから都を白岳山《ペガクサン》の阿斯達《アサダル》に移した。そこは別名、弓忽山《クンホルサン》または今《クム》彌達《ミダル》ともいった。国を治めること千五百年間であった。周の武王が即位した己卯年に箕子を朝鮮に封じると檀君は蔵唐京に移った。その後に阿斯達に帰って隠れ、山神になった。歳が千九百八歳であった。［『三国遺事・上・下』（三一書房／一九七五年）上66〜67頁。ルビは筆者］

はじめに桓国と書いているのは桓因の誤植ではない。これには「桓国」「桓因」の両説がある。林英樹氏の三国遺事は「桓国」なのでそのまま写した。
妙香山《ミョヒャンサン》は平安北道にある。白岳山《ペガクサン》というのは、ここでは黄海道の九月山《クウォルサン》を指している。朝鮮には白岳という名の山は各所にある。阿斯達《アサダル》というのも、黄海道九月山である。弓忽《クンホル》山《サン》、今彌達《クムミダル》は九月山の別名である。今彌達《クムミダル》の「彌」は林英樹氏の三国遺事では「旀」となっているが、韓国で発行された『資料から見た韓国史』（一志社／一九八七年）では「彌」となっているので、こちらを採用した。檀君が移ったという蔵唐京がどこかは不明である。

さて、この神話の意味について、古代史家である井上秀雄氏は『古代朝鮮』（講談社学芸文庫／二〇〇九年）の中で次のように述べている。

> 檀君神話の中核となるこの伝承は、熊が呪術と修行によって人間となり、天神の子を生むというシャーマニズム信仰である。この伝承の源流は高句麗や百済の始祖生誕伝承で、中国禹の生誕伝承にも通じ、熊に対する信仰は、アジア・ヨーロッパ大陸から北アメリカにまで広く分布している民間伝承である。檀君神話も高麗前期までは、平壌地方の民間信

仰の一つであったと思われる。

この伝承が広まる十二世紀後半から十三世紀前半にかけては、宮廷貴族政治が崩壊し、武臣の権力争奪が起こるとともに全国的な民乱が長期にわたって続発した。一二三一年にモンゴルの侵入がおこると、高麗武臣政権は都を江華島に移した。騎馬戦に強いモンゴル軍も狭い海峡を渡れず、高麗王朝は安泰であったが、国民をモンゴル軍の蹂躙にまかせることになった。

しかし高麗の国民は各地でこの侵略軍と戦い、支配者の庇護はなくても、自分たちの村を守るため最後まで戦った。このように侵略軍と戦う農民の中に、支配者とは別な愛国心が広範に広がっていったと思われる。その愛国心の象徴が檀君神話なのであった。

そうした事情を踏まえたものか『三国遺事』の檀君神話は、現実の支配者との関係を厳しく拒否している。朝鮮でも日本ほどではないが、建国神話は現実の支配者を認める目的のために語り継がれているのであるが、この檀君神話は現実の高麗王朝はもちろん、高句麗や新羅の王朝とさえ結びつけようとしていないのである。

この神話はきわめて古い朝鮮の史実を伝えるものではない。史実との関連を求めるあまり、この神話の歴史的意味をとらえないで、国家形成の古さや民族系性の早さを誇るのは東アジアの尚古史観によるものではなかろうか。この神話がたとえ一片の史実を含まなかったとしても、支配者に見捨てられた高麗農民が、この神話を心の支えとして侵略者と戦ったことに最も崇高な歴史的事実があったといわなければならないであろう。〔『古代朝鮮』（講談社学芸文庫／二〇〇九年）26～27頁〕

まさに箴言であると思う。檀紀四三四五年（西暦二〇一二年）とか韓国五〇〇〇年の歴史とか、数の大きさによって自尊心を満たそうとするのは、やめた方がいいと筆者も常々思っている。

さて、井上秀雄氏は全く問題にしてないが、筆者はこの神話を聞いたときに「おや？」と思い、そして文字に書かれたものを読んでさらに不思議を感じたのである。日本書紀の建国神話は、何人かの神が出たあとでイザナギとイザナミがセックスをして国が生まれたという話から始まる。

檀君神話に神は三人出てくるが、それは父と子と孫である。子が庶子だったというのも引っかかるが、どういう意図があってのことか今のところ分からない。庶子というのは、婚姻外の子という意味である。

日本の神話には初めから異なる複数の神が出てきて、それから、それこそ八百万《やおよろず》の神が登場してくる。朝鮮も日本も多神教の民族である。朝鮮でも日本と同じく山川草木に神が宿っている。しかるに建国神話には一系統の神しか出てこない。簡単にいうと一神教で語られているのである。どうして多くの神が出てこないのだろうか？　朝鮮民族が一神教の民族なら分かる。しかし朝鮮民族は多神教の文化の中にいるのである。おかしくないか？　筆者はそう感じた。

筆者はこの神話は、ある程度の史実を伝えていると思っている。それを象徴的に語っているのではないだろうか？

檀君の神話から、古朝鮮の世界を推測してみる。

古朝鮮には多くの部族がいて、それぞれの部族は固有の動物を守護神としていた。神話の中で熊が人間になりたいといったのは、おそらくは熊をトーテムとする部族が天孫族に協力したということの象徴であろう。虎が途中で挫折したというのは、虎トーテムの部族が敵対したか、天孫族の支配に従わなかったと考えるべきだろう。ここでは神が熊と虎に百日我慢しろといっておきながら二一日目で熊の願いが叶ったという矛盾点は追求しない。

朝鮮の歴史上最初の国は扶余である。紀元前五〇〇年ころには成立していたと考えられている。扶余のトーテムは鹿だった。こうしたことから古朝鮮では動物をトーテムとする色んな部族が色んな神とともに住んでいたと考えるのが自然である。そこへ天孫族がやってきて、いろんな動物トーテムの下に結束していた朝鮮族の各部族を支配したのではないだろうか。天孫族は一神教の宗教観を持つ人々だった。ならば、その天孫族はいつ頃、どこからやってきたのだろうか？

神話の状況からすれば、天孫族は短時間のうちに朝鮮族を支配し、神としての地位を固めている。それができるためには、圧倒的な軍事力の差、あるいは文明の差がなければならない。古朝鮮の人々が驚くような文明の力を見せたから、熊族は従い、虎族は逃げ出したのである。そして檀君は神として認められ、朝鮮の神になった。

神話には以下のように書かれている。

（神は）息子に天符印三個を与えて行かせて世の人たちを治めるようにした。息子の桓雄は部下三〇〇〇名を率いて地上に降りた。彼は風伯・雨師・雲師をひきいて農業と生命と疾病と刑罰と善悪などおよそ人間の三六〇余のことをつかさどって人間を治め教化した。

桓雄が率いた軍団は、三〇〇〇人ではあったが、土地の者と比べれば小数である。もっとも三〇〇〇というのは象徴的な数字で、実際はそれより多かったのか少なかったのかは分からない。しかし風伯・雨師・雲師という、高度な知識や技術を持つ専門家集団がその中にいた。桓雄はその力で人々を教化したのである。それに桓雄は天符印三個を持っていた。これは簡単にいうと、三種の神器である。基本構造は神武天皇がヤマトを支配したのと、同じである。ただし桓雄は武力ではなく、先進的な技術や知識でその土地の民を支配している。

韓国では檀君は朝鮮の神として、自生的なものとして語られる。しかし筆者は多神教民族に一神教民族があとからやってきた結果であろうと考えている。檀君神話は、多神教民族の朝鮮族を一神教民族が一時的ではあれ支配した痕跡だ、と考えるべきではないだろうか？

圧倒的な軍事力や文明の差、ということになれば、五〇〇年王国を築き、鉄を人類史上初めて実用化させたヒッタイトが考えられる。ヒッタイトは現在のシリア辺りに作られた国である。紀元前一六八〇年ごろに起こり、紀元前一一九〇年ごろに滅びた。ヒッタイトの滅亡により鉄を作る技術は世界中に広まった。このことから檀君を神とする部族が、西から朝鮮族が住む地域にやってきたのは、紀元前一一九〇年より後のことと考えるべきだろう。天孫族は鉄を自由に作り出す技術を持っていたはずである。そうでなければ未開の民族が彼らを神とはみなさないだろう。ただしヒッタイトの神話はシュメールやバビロニアの影響を受けたもので、多神教で語られる。だから天孫族はヒッタイトの流民や難民ではない。天孫族は鉄という高度な武器の製造法を知っており、かつ、一神教の民族でなければならない。

さて、ヒッタイトの勢力圏にはユダヤ人がいた。ユダヤ人は知ってのとおり一神教の民族である。紀元前七二二年アッシリアによってユダヤの北王国は滅ぼされた。ユダヤには一二の部族がいたが、北王国には一〇の部族がいた。彼ら一〇の部族は、その後歴史には登場せず、失われた一〇支族と呼ばれることになる。行方不明になったのである。

ユダヤ人の一〇支族の内の一部が鉄文明を持って東進したとすれば、檀君神話で語られたようなことが起こった可能性が現実のものとなる。これならば多神教の朝鮮民族の建国神話が一神教で語られるという不思議を納得することができる。

紀元前七〇〇年ごろ。鉄の文明を持ったユダヤ人が東進してきて、古朝鮮に住み着いた。ただし数はそれほど多くなかった。古朝鮮の人々は先進的な文明を持ったユダヤ人の神を神と認めた。その話が、のちに檀君神話となった。そしてこのときに学んだ高度な製鉄技術を持って、朝鮮の民は歴史上初めて扶余という国家を作り上げた。それはユダヤ人がやってきてから二〇〇年後の紀元前五〇〇年ころのことだった。扶余は鹿トーテムの国家であった。やってきたユダヤ人の数はそれほど多くなかったので、多神教の朝鮮族全体を一神教にすることはできなかった。檀君神話と史実とが矛盾なく成立するには、こう考えるほか無いように思う。

天帝の子供が庶子だったという部分は、朝鮮の地にやって来たユダヤ人が、自分たちは正妻の子だが、お前達は側室の子だと言った可能性があると思う。同じ神の子だが、俺たちの方が上で、お前達は下だと言っていたのかもしれない。ともあれこの部分は根拠のない話なので、これ以上は追求しない。

天孫族の神話はそれから一〇〇〇年後に扶余族の子孫が日本に伝えるが、この時は多神教民族であった扶余族や倭族の宗教観を反映して、多神教として語られることになった、と、筆者は推測している。

ユダヤ人が朝鮮にやって来た痕跡については在野の歴史家である鹿島昇氏も『桓檀古記』（新国民社／一九八六年）に書いている。以下に引用する。


朝鮮半島の田舎では、一年の終わりに小豆を煮てアンコにし、部屋の鴨居に塗りつけるという祭祀があるが、やっている人たちは何のことか分からずに、昔からのしきたりだと言っている。

これらはすべて蘇民将来伝説に属しているが、説話の内容は、ユダヤ人の過ぎ越しの祭りによく似ている。〔『桓檀古記』（新国民社／一九八六年）575頁〕

蘇民将来というのは、その名を書いたお札を貼っておけば厄除けになるという民間信仰である。鹿島昇氏はその伝説がユダヤの過ぎ越の祭りから来ていると断じている。過ぎ越の祭りというのは、ユダヤ人の出エジプトの時に起こった奇跡である。神の教えの通り戸に印をつけた者は助かったが、そうでない者は長男を失った。このあとモーセが海を割くという奇跡を起こす。

鹿島昇氏は、この祭りが行われているのが朝鮮半島のどこなのか具体的に書いてない。またアンコを鴨居に塗るのが過ぎ越の祭りとどう結びつくのかの検討もしていない。いきなり結論を書いている。鹿島昇氏の論証は殆どが取るに足りなかったり、独善的なので、あまり当てにならないが、過ぎ越の祭りを連想させる習慣が朝鮮のどこかにあるとするならば、筆者の、ユダヤ人が朝鮮に逃れてきたのが、檀君神話の原型という仮説を裏付ける一助になるだろう。

朝鮮民族は単一民族か

普通の韓国人は自分たちは単一民族だと思っている。これは日本が支配した悪しき影響である。戦前の日本が自分たちを単一民族だといったものだから、それなら日本より優秀な俺たちは当然に単一民族であるに違いないと、短絡的に信じたのである。

しかし朝鮮が単一民族の国であったとすると、朝鮮の歴史は分らないことだらけになってしまうのである。

先ずここで高句麗を建国した始祖である朱蒙《チュモン》の神話を見てみよう。高句麗の建国は紀元前三七年のことだった。三国史記高句麗本紀には次のように書かれている。参考にしたのは古代史家である井上秀雄氏訳注の『三国史記・1・2・3・4』(平凡社東洋文庫/二〇〇五年)である。原著の表現が難しかったり、分かりにくい部分は適宜修正した。

扶余国の解慕漱《ヘモス》が死んだので金蛙《クムワ》が後を継いだ。金蛙が太白山の南の優渤水で娘に会った。話しかけると娘はいった。

「私は河神の娘で柳花《ユファ》といいます。弟達と外出して遊んでいると、一人の男子に会いました。この者は自分で天帝の子の解慕漱であるといい、私を熊心山の麓の鴨緑江のほとりにある家に誘い込んだので、愛し合ったけれど、どこかに行って帰って来ません。父母は私を媒酌人もなしに人に従ったと責めて優渤水に閉じ込めました」

金蛙はこの話しを不思議に思い、この娘を自分の家に閉じ込めたところ、日の光が娘を照らした。娘が身を引いて避けると、日の光は娘を追って照らした。このようにして娘は身ごもり、やがて五升も入るほどの大きな卵を生んだ。王がこの卵を犬や豚に与えたが、どちらも食べなかった。またこの卵を道に捨てたが、牛馬もこれを避けて通った。その後これを野原に捨てたが、鳥がこの卵を覆い暖めた。王がこの卵を割ろうとしたが、割ることができなかった。それで王はこの卵を母に返した。母親はこの卵を包んで、温かいところに置くとやがて一人の男の子が殻を破って生まれて来た。〔『三国史記・1・2・3・4』(平凡社東洋文庫/二〇〇五年) 2の4~5頁。ルビは筆者〕

朱蒙《チュモン》は卵から生まれている。このような卵生神話は南方系の神話である。日の光に感応して生まれる神話は北方系の神話である。金蛙という王の名前は、名前からして蛙トーテムを連想させる。

こうした、系統が違う神話がひとつの神話の中に出てくるということは、この神話が作られた時代には、南方の人間即ち倭人と断じていいと思うが、彼らが今の中国東北部に居たということを意味している。卵生神話を持った倭人は朝鮮半島南部の倭人とは別系統の倭人である。なぜなら卵生神話は日本には伝わってない、あるいは殆ど伝わってないからである。

卵生神話を持った倭人は大陸を北上して扶余に至ったと考えるべきだろう。殷にも卵生神話がある。漢文学者である白川静氏は『中国の神話』（中公文庫／一九八〇年）の中で次のように述べている。

高句麗の卵生説話は、明らかに殷の玄鳥説話の系列に属するものであるが、いわゆる卵生説話は広い分布を持つもので、三品彰英氏の『神話と文化境域』には、新羅、加羅の始祖伝説よりはじめて、降下卵生型の説話、その他鳥卵型、化生型、人態出産型などの諸説五十二例をあげ、これを箱船漂流型と合わせて南方型説話としている。卵生族祖説話のうち、中国に属するものには、殷の玄鳥説話のほか、徐偃王の説話、南蛮多摩萇国の説話や海南島の黎族、安南の始祖王の説話などがあり、チベットにも類話がある。その分布の範囲によって、三品氏は古くインドネシア、インドシナ、中国沿岸地域、台湾、朝鮮にわたる一連の境域に卵生神話要素があって、大陸の沿岸では大陸の文化と接触して人態型として発展し、他はそれぞれの地域性をもつ説話となったとしている。この説話が韓族の間に濃厚に分布するにもかかわらず、その形態を以てわが国に行われることがなかったのは、大いに注意すべき事実であろう。〔『中国の神話』（中公文庫／一九八〇年）157～158頁〕

確かに日本には卵生神話は殆どない。どこの本に書いてあったかは忘れたが、それはゼロではなかったと記憶している。しかしながら、対岸の朝鮮と比べたら伝わってないといってもいいぐらいである。

このことからすると、朱蒙の卵生神話を伝えた倭人は戦乱を逃れて中原から扶余地域へ逃れた人達だろうと推測できる。この人たちは殷では稲作をしていただろう。しかし扶余の辺りは稲作の適地ではなかった。このため稲作文化は失われたと推測する。ただしヒエ、アワ、コーリャンなどを米に代えて農作していただろう。漢書東夷伝などに農耕の様子が記述されているからである。

朝鮮半島の倭人は、山東半島から黄海を渡り、対岸の朝鮮に行き着いた人々である。この人たちはやがて「日本」に逃れて弥生人となる。この人たちは卵生神話を持っていなかった。結果から見て扶余国の辺りに住んでいた倭人と、半島の南部に住んでいた倭人とは、別系統の人たちだったと考えなければならない。

「日本」に来た倭人が呉や越《えつ》の国に起源があるとするならば、扶余国にいた倭人はおそらく長江中流域にいた人たちだろう。彼らは大陸を移動して殷から扶余に至ったと推測する。怖らくは戦争難民として移動したことだろう。

「朝鮮」に卵生神話を持って来たのは大陸を歩いて逃げてきた人達である。船に乗って半島の南部に逃げた人達は違う神話を持っていた。彼らは紀元前五〇〇年頃から半島南部に逃げてきた。そこは稲作の適地だったので、彼らは稲作により、おそらくは爆発的に人口を増やした。

なお、新羅本紀には新羅が度々倭人に侵されるという記述が出てくる。この時代の倭人がいた地域を今の日本と考えるのは間違いである。当時の倭人は北九州、本州の日本海側、そして朝鮮半島の南部にいたのである。馬韓、弁韓、辰韓はもともと倭人の居住地帯であった。扶余人が入り込んで国家の形態が整い始めた頃は、まだ倭人の比率が高かったはずである。

以上から朱蒙の頃には少なくとも北方騎馬民族、それと大陸南部から陸上を歩いて逃れてきた倭人、および半島南部の倭人の三つの民族がいたということが分かる。このうち南から大陸を歩いて逃れてきた人間は、卵生神話という神話は残したが、数の上からは騎馬民族の方が圧倒しているから、言葉は扶余語になった。さて、それでは他に民族はいなかったのだろうか？

日本の先住民族はアイヌ民族である。アイヌ民族が日本の歴史に登場してくる頃は、日本の東北地方から北の地域を支配したり影響力を及ぼしていた。だからそれより前の時代では、その活動範囲は当然に日本列島の全域に及んでいただろう。日本書紀に出てくる神武天皇に敗れるナガスネヒコはアイヌ人だろうと推測する。日本の歴史はアイヌ人の土地を侵略したことから始まっている。

島国の日本でそうだったのだから、大陸には日本列島よりも遥かに多くのアイヌ民族や同系統の民族がいたと考えるべきだろう。アイヌ人は日本には、凍りついた間宮海峡やそれよりも遥か以前の氷河期に、海を歩いて日本列島にやってきたと考えるのが自然だろう。アイヌ人の本拠地は大陸だったはずである。

ここで朱蒙より少し前の朝鮮の古代史を概観しておく。

紀元前一九五年　遼東を支配していた燕《えん》王が匈奴《きょうど》に亡命した。この時燕人の衛満《えいまん》が朝鮮に亡命して王となった。これを歴史では衛《えい》氏朝鮮（紀元前一九五～紀元前一〇八年）と呼んでいる。

このとき朝鮮王を自称していた準は、その側近と宮女を引きつれて海に浮かび、韓の地に住み家を定め、勝手に韓王を名乗った。その後王系は途絶えた。後漢書東夷列伝によると準は箕子《きし》の四十余世の子孫であった。

燕というのは、漢の時代の行政区画で、現代の北京市辺りに当たる。匈奴というのは、北方の騎馬民族である。匈奴を上古音で発音すると匈（hiuŋ）奴（nag）である。カタカナで示すと「ヒュンナ」となる。彼らはフン族の内、東に移動してきた者たちだとみられている。これに対し西のヨーロッパに移動した者たちが建てた国がフンランド（フィンランド）であり、フンガリー（フンの土地の意味＝ハンガリー）である。現代のハンガリー人は自分たちはマジャールだといっている。国名だけにフン族の痕跡が残っているのかも知れない。箕子については、後で詳しく述べるが、殷《いん》王朝の最後の王の叔父である。

紀元前一〇八年　漢が衛氏朝鮮を滅ぼした。衛氏の支配していた地域に漢は四郡を置いた。楽浪《らくろう》、臨屯《りんとん》、玄菟《げんと》、真番《しんばん》である。

紀元前八二年　臨屯、真番を廃止した。

紀元前七二年　玄菟郡が遼東郡に吸収された。

以後朝鮮の民は漢の支配に抵抗し、朱蒙が登場して高句麗建国へと向かう。高句麗の建国は紀元前三七年である。

こうした歴史的な事件がある度に、多くの戦争難民が発生し、難を避けるために周囲に移住したはずである。多くの難民は陸続きだから、朝鮮半島南部の倭人の土地を目指したに違いない。一部の者は日本列島を目指したことだろう。また、新たにやって来た難民からはじき出された倭人たちも、「日本」を目指したことだろう。

さて、扶余の東や南には濊《わい》や貊《はく》という民族がおり、今の沿海州の辺りには沃沮《よくそ》という部族がいた。濊というのは漢人から見てその習俗が汚かったから付けられた名前だろう。貊というのは、「むじな」という意味である。これは貊《むじな》をトーテムとしていた部族をそう呼んだのではないだろうか？　後漢書東夷列伝に次の記述がある。参考にしたのは東洋史学者の吉川忠夫氏が訓注をつけた『後漢書第十冊』（岩波書店／二〇〇五年）である。原著は読み下し文なので、筆書が現代語にした。図一（13頁）を参照しながら読んで頂きたい。

挹婁《ゆうろう》は昔の粛慎《しゅくしん》の国である。扶余の東北千余里にある。東は大海に沿い、南は北沃沮と接し、その北は果てるところを知らない。土地は山が険しく、人の外見は扶余に似ているが、話す言葉は違っている。五穀と麻布があり、赤玉や上質の貂《てん》の毛皮を産する。支配者たる王が無く、集落毎に長老が居る。山林の間で暮らし気候が寒いのでいつも穴蔵で暮らしている。穴は深いほど尊ばれ、大家は九段の梯子を用いるほどだ。豚を好んで飼い、肉を食べ、皮で服を作る。冬になると豚の脂を体に数分の分厚さで塗り、寒さを防ぐ。夏には裸で、一尺の布で前後を覆う程度である。人々は臭く不潔で、厠《かわや》を穴の中に作り、これを囲んで暮らしている。漢朝が起こってからは扶余に臣属している。種族は少ないが勇気や力のある者が多く、山の険しいところにいる。また弓が上手で、よく相手の目を射る。弓の長さは4尺(1メートル33センチ)で威力は弩《いしゆみ》ぐらいある。矢には落葉灌木の楛《こ》で作った矢を用いる。長さは1尺8寸（約60センチ）である。青い石を鏃《やじり》にし、鏃には総て毒を塗っているので、人に当たると直ぐに死ぬ。舟に乗るのが上手で、略奪を好む。隣国は畏れ憂うるが屈服させることができない。東夷の扶余は飲食の時に殆どが俎板《まないた》を用いるが挹婁にだけはこれがない。風俗習慣はもっとも規律に欠けている。［『後漢書第十冊』（岩波書店／二〇〇五年）10～11頁。ルビの一部とかっこ書きは筆者］

毒矢を用いる点は、日本のアイヌにも通じるところである。弩というのは寝かせた弓に弦を張り、引き金を引いて矢を射る装置である。命中率が非常に高い。弓の幅は一メートルないだろう。これに対し挹楼の弓は、四尺（一メートル三三センチ）と大きいが、世界標準の大きさである。日本の弓は七尺（二メートル一二センチ）ある。

ここからは推測だが、もっと古い時代では、東アジアの諸民族は日本の弓ぐらい大きな弓を使っていたのではないだろうか？　東夷の夷という文字は、大きな弓という意味である。大きな弓を使っている連中だから、まとめて東の夷と呼んだわけである。日本には、古代の大弓がそのまま伝わった。しかし大陸では取扱に便利なように弓の長さが短くなっていった。のちの朝鮮の弓は一二〇～一三〇センチだが、射程が三〇〇メートルを超えていた。

さて、東夷伝の記述に戻ろう。ここに書かれているのは挹婁についてであるが、濊にも類似のことがあったから、北方の先住民族に対し、汚い奴らということで濊という字を与えたのだろう。また後漢書扶余の条には、扶余は濊の地に建てられたという記述がある。先住民の土地に鉄を製造する文明を持ったユダヤ人や騎馬民族がやってきて扶余の国を建てたものと推測できる。筆者は先住民はアイヌ人だったと予測している。

扶余は騎馬民族が卵生神話を持つ倭人や先住のアイヌ人と混血して建てた国だろう。扶余の言葉は挹婁とは通じてないが、そのほかの高句麗、東沃沮、濊とは言葉が同じだと後漢書東夷伝にはある。濊は怖らく、はじめはアイヌ人だったが、混血が進んで、後漢書東夷伝が記録された頃には言葉が通じるようになっていたのだろうと推測する。濊族は、元はアイヌ人だろう。

このほかの南沃沮、北沃沮、貊も扶余や高句麗と同じ言葉を話していただろうと推測する。南沃沮と北沃沮は、その名に沃沮がついているから、言葉が通じている東沃沮と同種のものだろうと思うからである。また貊は、高句麗の別名が「貊耳《はくに》」といったということから、おそらくは扶余人と貊の地域に居たアイヌ人の一派とが混血してできた国ではないかと思っている。濊と同じく、貊も元はアイヌだったが、この時代では言葉が通じるぐらい騎馬民族が入り込んでいる、と考えた方が自然だろう。後漢書東夷伝には、「貊耳」についての以下のように書かれている。

句麗は別名では貊耳という。これには別種があり、彼らは小さな河川の近くに住んでいるので、小水貊と呼ばれる。よい弓を作る。いわゆる貊弓といわれるのがこれである。〔『後漢書第十冊』（岩波書店／二〇〇五年）14頁〕

ここで句麗というのは高句麗のことである。以上見てきた通り、「チョッ　セン」の地はもとは粛慎と呼ばれていたが、騎馬民族がやってきて南方の倭人やアイヌ人と混血をし、部族国家の扶余という国を作った。濊、貊というのは、狩猟で生活をしていたアイヌ族と騎馬民族とが混血してできた部族だろう。扶余と言葉が通じていたという記述からそう判断した。騎馬民族はアイヌ人よりあとからやってきた民族で、彼らがアイヌ人を支配して建てた国が「扶余」だったと推測する。熊トーテムはアイヌ人のトーテムだったのではないだろうか？　朱蒙の頃には、一番東の挹婁が言葉が通じないだけで、それ以外の沃沮、濊、貊、高句麗とは言葉が通じていた。

海岸付近の沃沮は漁労が上手だった。これもアイヌの一部族であろう。おそらくはこの部族の先祖の一部が日本に渡って日本のアイヌになったのだろうと推測する。濊は時代とともに劣勢となり、南下していく。濊ではアイヌ語がまだ話されていただろう。扶余語が通じていたことから両国はバイリンガル状態だっただろうと推測する。貊は南下により、貊済という大きな邑を作っていた。この頃の南方は倭人の部族国家の時代で、後の百済となる馬韓地域では倭語が、また弁韓でも倭語が話されていただろう。後の新羅となる辰韓では、北部ではアイヌ語が、南部では倭語が話されていただろう。

おなじアイヌ系の部族でも、シベリア方面に逃げた部族はゴリド族などとして、現代もそのまま残っていると推測する。高句麗、百済、新羅に支配された地域では、アイヌ語は失われていった。

同じ半島でも黄海側は交通の便も良く、百済を建国した温祚《オンジョ》が南下したように大陸の影響下にあった。弱い者は交通の便が悪いところに逃げるしかない。秦からの亡命者が辰韓に逃げ込んだようにである。こうして、初期の新羅ではアイヌ民族の比率が他の地域よりも相当に高かっただろうと推測している。それゆえ新羅の北部地域ではかなり後までアイヌ語が話されていただろう。

このような状況が高句麗が成立した頃の古朝鮮の姿ではなかっただろうか。

以上の点から朝鮮民族は単一民族ではないというのが筆者の結論である。少なくともアイヌ、二系統の倭人、騎馬民族の四つの民族が混血してできた民族である。

先に挙げた竹内均氏の『Newton別冊　日本人のルーツ』（ニュートンプレス／二〇〇〇年）によると古朝鮮には、初め血液型がO型の人間がいた。日本でも初めはO型の人が住んでいたが、A型の人が入り込んできてO型の者を北と南に追いやった可能性が高いとしている。つまり朝鮮の先住民族とアイヌ、沖縄には共通点があるのである。

深田久弥氏の「日本百名山」によると鹿児島の開聞岳《かいもんだけ》は、むかしは「ひらきだけ」といっていたとのことだ。「ひらき」のもとは「しらき」でありそれは「新羅」あるいは「新羅来」だと容易に推測できる。一方「博多」は怖らく「はく（ひゃく）た」が変化したものだろう。百済は現代の日本語の音読みでは「ひゃくさい」である。しかし百は呉音では「はく」と発音する。それゆえ昔は「ひゃくさい」とか「はくさい」とかと呼んでいただろう。「はく（ひゃく）た」は「はく（ひゃく）さい　た」すなわち「百多」である。百済人が多かったという意味である。

漢字は百済から伝わった。新たなものを受け入れる場合、前例があればそれにならうが、何もなければ、そのまま受け入れるしかない。つまり日本は百済人が発音していた漢字の発音をそのまま受け入れた。現代日本の漢字の発音は完全に一致してないにしても、多くは漢字が輸入された頃の百済の発音そのままであろうと推測できる。勿論その後に輸入された唐音は当時の中国の発音を日本式に写したものである。「ひゃくさい」あるいは「はくさい」は音読みであるから、「くだら」とは違い、漢字が伝わったときの音がそのまま現代まで維持されている可能性が高い。そうした現代に伝わっている音から推測すると、「百多（ひゃくた・はくた）」が変化して「はかた（博多）」になった可能性は高い。そうであるならば「博多」は百済の人間が多くいたという意味の言葉から変化して生じたことになる。北部九州には百済人が、南九州には新羅人が住んでいたのである。

新羅人が隼人の地にいたということは、それだけ深い関係があったということであり、同系統の人々だったと考えるのが自然である。隼人、アイヌ、新羅には共通性があるといってもいいだろう。よって新羅はアイヌ人の比率が高い国家だったと考えて間違いあるまい。鹿児島の開聞岳《かいもんだけ》が「ひらきだけ」といわれていたのは、こうしたことを示している。

扶余

扶余《ブヨ》はなぜ扶余というのか？　これの解説を見たことがない。しかし国名というのは、建国した者の根本理念や、もっとも重要と思うことを示すに違いないから、この点から考えを進めてみたい。

扶余とは「余を扶けた」と読める。なぜそんなことを国名にしたのか？「余とは誰なのか」という疑問が湧く。国名にまでするぐらいだから「余」という人物は扶余にとって大恩人であったに違いない。

結論をいうと「余」というのは「箕子《きし》」のことである。「箕子朝鮮」は歴史的には否定されている。そして箕子が本当に朝鮮に来たかどうかは不明のままとされている。

「箕子」は「箕」という国を支配した者という意味である。司馬遷の史記によると、箕子は殷の最後の王である紂王《ちゅうおう》の叔父で、殷の宰相を務めていたが、紂王に疎んじられた。時代は大まかにいうと紀元前一一〇〇年頃のことである。当時の朝鮮は未開の地であった。

紂王の叔父には「比干《ひかん》」という者もいた。「比干」とは「比」の国の「干」という名の人を意味する。箕子の場合は箕の国を治めた者ということは分かっているが、名前は伝わっていない。

比は殷の東にある国で、東の異民族から殷を守る役割を果たしていた。箕は殷の北方に位置する国で、北の異民族から殷を守る役割を果たしていた。箕の国は山西省太原市の辺りに比定されている。箕子が生きていた当時、北方には土方《どほう》や鬼方《きほう》と呼ばれる異民族がいた。図四は当時の状況である。

比《ひ》の国を任されていた干《かん》も一時期宰相を務めたことがある。しかしあまりに諫言《かんげん》が多かったので、紂王はこれを殺し、聖人の心臓には七つの穴が開いているというから見てやろうといって、その胸を空け、心臓を見たといわれている。箕子は自分も同じ目に合うことを恐れ、狂人の真似をし、身分を奴隷に落として生き延びた。周の武王が殷を倒し、牢獄にいた箕子を助けだした。武王は箕子を政治顧問に迎えようとしたが、これに応じないで朝鮮に移り住んだ。

ここから李氏朝鮮の時代には箕子朝鮮が実在したものとし、両班《ヤンバン》は箕子の系図を捏造した。両班というのは、李氏朝鮮時代の支配階層のことである。彼ら支配階層の者たちは、孔子が慕うほどの儒教の理想像である箕子が朝鮮に憧れて移住したのだから、朝鮮というのは素晴らしい国なのだと言いたかったのである。

さて、史記の中には、殷の宰相としてもう一人名前が出てくる。それは「商容《しょうよう》」という

図四　殷時代の地図

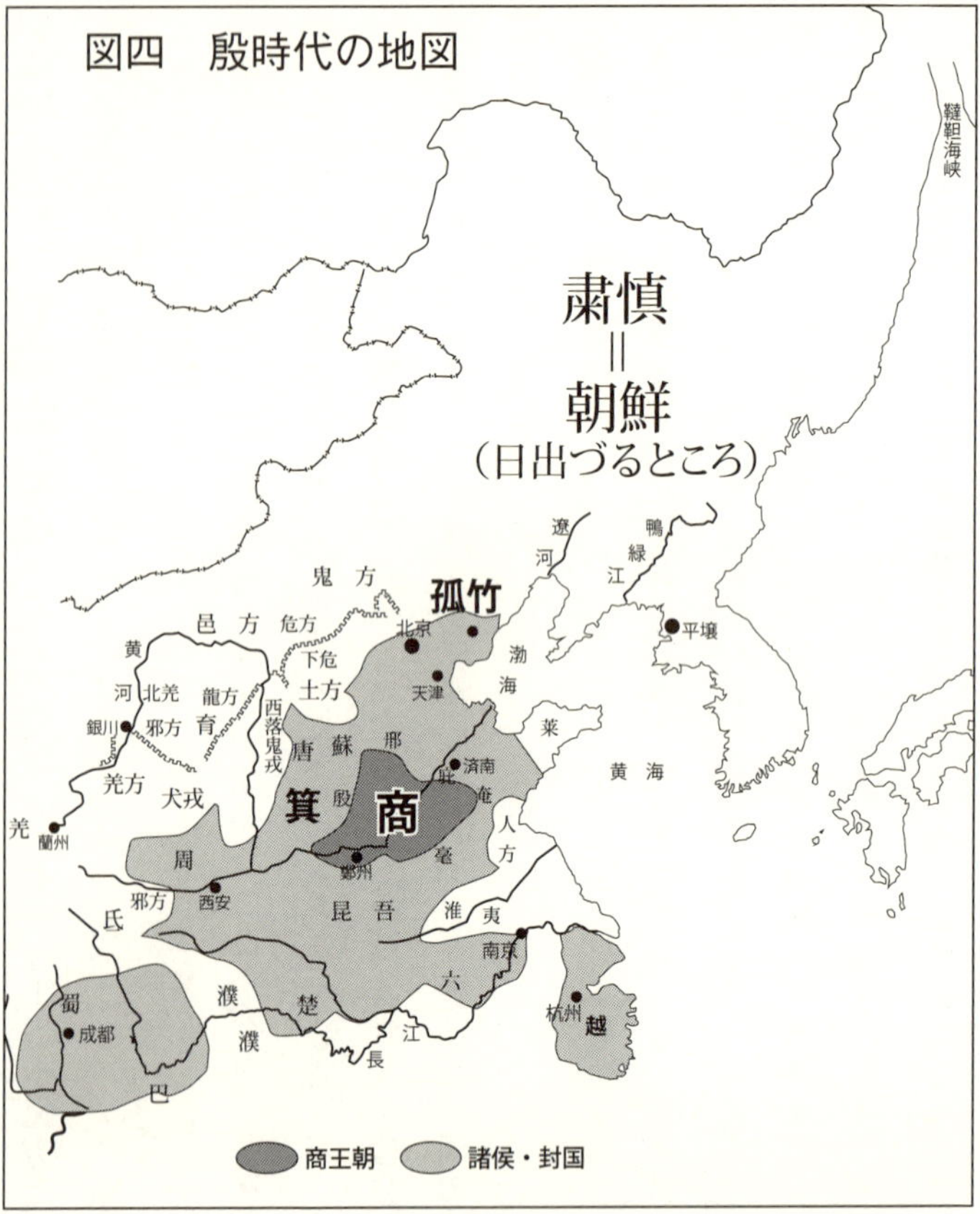
韃靼海峡
粛慎
||
朝鮮
(日出づるところ)
遼河
鴨緑江
鬼方
孤竹
邑方
危方
北京
平壌
黄河
下危
土方
渤海
天津
北羌
龍方
西落鬼戎
銀川
邪方
育
唐
蘇
邢
萊
済南
黄海
羌方
犬戎
箕
殷
商
奄
羌
蘭州
人方
周
鄭州
亳
邪方
西安
昆吾
淮夷
氐
南京
濮
楚
六
蜀
杭州
越
成都
濮
江
長
巴
商王朝
諸侯・封国

人物である。どれだけ優秀な宰相だったかと書いている内容を見ると、多くが箕子と重なる。司馬遷は違う資料を見て箕子と商容が違う人物と考えたらしいが、どうも同じ人物である。そこで「商」の「容」とは箕子のことだ、とする説が出てきた。また「容」と「余」は発音が似ているので書き間違えたのではないか、ともいわれている。つまり「商容」とは「商余」のことで、それは箕子のことである、というのである。小説家の宮城谷昌光氏が箕子を描いた歴史小説『王家の風日』（文春文庫／二〇〇三年）では、箕子の名は「余」とされている。

ここまで来ると、扶余の国名を容易に推測できる。箕子はおそらく自分と身近の一族を連れて朝鮮に移り住んだことだろう。史記に書かれている音楽や礼儀の知識量は膨大なものである。また技術者も連れて行ったとすれば、青銅器を作る者たちもいたであろうから、国を作れるぐらいの文明と技術を持ち込んだことになる。しかし箕子は国家は作らなかった。部族社会の中で、多大な恩恵を朝鮮の民にもたらしただけである。

そんな箕子、すなわち「余」を自分たちの先祖は助けて今の国ができた、という事情があったから扶余は国名を扶余にしたのではないだろうか？　余を扶けた結果として国がある、ということである。箕子朝鮮は存在しなかったが、箕子が朝鮮に来た結果五〇〇年後に扶余が誕生したのである。そしてそこにはユダヤ人がもたらした高度な製鉄技術も加わっていたはずである。筆者が「扶余」をとり、「夫余」をとらないのはこういう理由による。

殷

さて、史記を読んでいて疑問に思うのは、なぜ箕子は朝鮮に行ったのか、ということである。祖国が周に倒されたから、仇が支配する周に居たくないというのは分かるが、箕の国の北方には土方や鬼方という異民族がいた。箕子は彼らとは接触があったから、頼るのなら彼らの方だろう。なぜ朝鮮だったのか？　人生で最も困難なときに頼った相手である。何の関係もない相手を頼るはずがないだろう。箕子は朝鮮と何らかの関係があったのではないだろうか。そう考えるのが自然である。関係があり、お互いを知っていたから、朝鮮に行ったはずである。

崔南善《チェナムソン》氏の『朝鮮常識問答』(三星文化文庫／一九八〇年)に朝鮮の古名として「震(チン)」というのが出てくる。「震檀」といえば、朝鮮のことをさした。日本を大和というようなものである。渤海は初めは大震国といったし、高麗も初めは国の名前を摩震国といった。いずれも、いにしえの民族の名前を国の名前としたのである。ただし「震檀」というのは、「震旦」という言葉に似すぎている。「震旦」とは昔のインドが中国を呼んだ呼称である。文字の持つ意味で解釈すると「震＝東の」「旦＝日の出」ということで「東の日の出る土地」という意味になる。インドから見たら中国は東である。

渤海が成立したのは六九八年だが、唐は最初「渤海」を「震」あるいは「大震国」と呼んだ。これは「渤海」をおとしめるためだったといわれている。「俺たちより東の国だ、蛮族だ」といいたかったのであろう。だから渤海を築いた始祖大祚榮《テジョヨン》は「震」を採らずに「渤海」をとった。「渤海」は首都をおいた地域の地名である。

さて「震」とは漢字が持つ意味で解釈すべき言葉だろうか？　「震旦」の「旦」「震檀」の「檀」これらは意味で解釈すべきだろう。しかし「震」はその音で解釈すべきではないだろうか？　漢字には意訳と音訳がある。「震」は「朝鮮」と同じく、現地の人間が用いた発音を当時の中国人が書き写した可能性が高いと思っている。判断根拠として中国は「震」以外に朝鮮をどのような文字で記録したかを見てみる。

中国では朝鮮をどう表記していたかというと、「珠申」「粛慎」「朱真」などである。「挹《ゆう》婁《ろう》」は、魏志や後漢書では、もとは「粛慎」だとしているが、音が違いすぎるからおそらくは別系統の民族だろう。筆者自身はアイヌ人やゴリド族の国だろうと思っている。

渤海が「大震国」高麗が「摩震国」といっていたことから「大震国」の「大」そして「摩震国」の「摩」は修飾語だと見なしていいだろう。このことから類推すると、古朝鮮時代に使われた「珠申」の「珠」、「粛慎」の「粛」、「朱真」の「朱」はいずれも修飾語と考えた方が妥当だろう。国あるいは民族の名前は「申」「慎」「真」「震」だったと推測できる。

さて、古朝鮮の領域からは朝鮮族以外の民族も発生している。満州族はその内のひとつである。満州族の元は女真族である。女真族は靺《まっ》鞨《かつ》族から出ている。それ以前は勿《もっ》吉《きつ》と呼ばれていた。更にそれ以前は挹婁であり、挹婁は粛慎から出ている。ここで朝鮮族の先祖と満州族の先祖とが一致することになる。遙か昔の古朝鮮の時代にあって、満州族と朝鮮族とは同族だったのである。その後半島に逃げ込んで生き残りを図ったのが朝鮮族であり、厳しい環境の「満州」で生き延びてきたのが満州族だった。二つの民族のご先祖は同じだった。

さて満州族は靺鞨と呼ばれた時代よりあとの時代では中国人から「女真」と呼ばれていた。「女真」の「女」もおそらく修飾語だろう。また彼らが作った国には「金」と「清」がある。「金」は女真族の時代に、「清」は満州族の時代に建国した。よって満州族が認識した自分たちのもともとの民族の名前は「真」「金」「清」である。ここに出てくる民族の名はいずれも当時の中国人が当時の朝鮮人や満州人の発音を聞いて書き写したものであろう。それゆえ文字の意味ではなく、その音で判読しなければならない。よってこれらの漢字の発音を比較してみる。『新漢和大辞典』（学習研究社／二〇〇八年）によって、音を確認する。

上古音は以下のとおり。

中　thienチェン

愼　dhienディエン

真　tienティエン

また中古音は以下の通り。
震　tʃĭĕnチィエン
女真の真　tʃĭĕnチィエン
中原音韻は以下の通り
金　kiəmキオム
北京語は以下の通り
金　tsĭən（jīn）チン
清　tsʻĭəŋ（qing）チョンあるいはチィン

モンゴルのチンギスハーンに倒された「金」の発音が異なっているものの、これを北京語で発音すると、すべての漢字の発音は「チン」に近い発音だったといえるだろう。

古朝鮮族は「申 thien」「慎 dhien」「真 tien」と表現され、それが「震 tʃĭĕn」に変化した。満州族の方は「女真の真 tʃĭĕn」「金 tsĭən（jīn）」が「清 tsʻĭəŋ（qing）」に変化した。

女真の前は古朝鮮族と同じである。このようなことから「チン族」の呼称は時代が経ってもそれほど変化してないといえるだろう。朝鮮人や満州人の自称は「チン」だったのである。自分たちを「チン族」と認識していたのである。満州族はその記憶をずっと留めていたから自分たちの国の名前を「金 tsĭən（jīn）」とし「清 tsʻĭəŋ（qīng）」とした。しかし朝鮮族の方は半島に閉じ籠もって事大主義に染まる頃から記憶を失い、意味も知らずに自国の国名「朝鮮」を大陸の国、明につけて貰うまでに落ちぶれてしまった。「朝鮮」は李氏朝鮮を開いた初代の李成桂が明に対して「朝鮮」と「和寧」のどちらがいいでしょうかとお伺いを立てて、明に決めて貰った国名である。全く自主性を失っている。結果として「朝鮮」は妥当な国名だったが、自ら「朝鮮」と宣言すべき所だった。

なお韓国ドラマの「太王四神記」では古朝鮮を「チュシン」としているがそれは「珠申」を現代韓国語読みしたものと思われる。歴史的に謎を探るには、それが書かれた当時の中国の音で読み解かなければならない。とはいえテレビドラマはエンタティンメントだから、歴史から明らかに逸脱してない限りは、ある程度の推測や補完は許されるだろうと思う。「チュシン」は許容範囲ではないだろうか？　正しくは朝鮮族の元の呼び名は「チン」だと思うけれど。

さてここに在野の歴史学者である鹿島昇氏が提案した説がある。殷は紀元前二〇世紀に栄えたイシン王朝の者がやってきて開いた国家だというものである。殷は紀元前一七世紀頃に成立している。

イシン王朝というのは、メソポタミア南部の都市であるイシンに拠点があった王朝のことである。イシンは、現在のイラクのバスラ辺りにあった。第一王朝と第二王朝があるが、通常、イシン王朝といえば第一王朝を指す。第一王朝は紀元前二〇〇〇年頃から始まる。この王朝は紀元前一七五〇年頃に、バビロンのハムラビによって滅ぼされた。このとき国の上層部の人間や知識集団が大陸を東に逃げて、未開の民が住むところで、新しい国を作るというのは、可能性としてはあり得ることである。しかし可能性があるからといって、殷を建国したのはイシンの民だ、ということにはならない。なお、イシン第二王朝は紀元前一一五五年に始まる。この王朝の拠点はイシンではなく、バビロンだった。紀元前一〇二五年に滅びた。

鹿島昇氏は音が似ているとそれを以ってそうであるに違いないと主張するので、多くはそのまま信じることができない。例えば「儒者」の「儒」は「ジュ」と発音するから「ジュー」

すなわちユダヤ人だ、というのだが、そう言いたいのであれば、少なくとも秦の時代の中国語の発音と、その時代のヘブライ語の発音を比較しなければならないだろう。現代のしかも日本読みの漢字の発音を現代の英語と比べて、音が似ているから「儒者」は「ユダヤ人」というのでは、到底納得できないのである。

ただ、メソポタミアで高度な文明を持った者が、何らかの事情（おそらくは戦乱）で東進し、一方は直進して古朝鮮の地に入り、一方は南下して中原に入ったというのは、ありうる話である。アメリカの移民でも、日本の北海道の開拓民でも、自分たちがもといた土地の名前をつける、というのは普通に行われたことである。それゆえ「イシン」から来た者が自分たちを「シン」「ジン」「イン」と呼んだり認識したりしただろうことは、十分に考えられる。箕子が朝鮮に逃れたのは、二つの民族のもとが同じで、箕子の時代までその記憶があったからではないかと、筆者は思っている。となれば両者には共通項がなければならない。

殷の上古音は「iən」である。「シン」「チン」からは離れているが、「イシン」を基にして「イ」が残る音韻変化と「イ」が脱落する音韻変化の両系統があったとみるならば、全く無関係とみることはできないだろう。

ここで「震旦」という言葉について考えてみる。「震旦」は古代インド人が中国を呼んだ名称である。「震旦」という表記は、インド語を翻訳して「震旦」と中国人自身が記録した可能性と、当時の中国が「震」という発音でインド人から呼ばれていたという可能性とがある。

意味から見るなら、「震旦」は東の日が出るところということだから何の矛盾もない。しかし、もしこれが表音だったとすると、「殷」と「震」とは同じものをさすということになるのではないだろうか? ちなみに「震」の上古音は「tien」である。これのTの音が落ちれば「イェン」であるから、「殷」と近い音になる。「イシン」には「イ」の音が残る音韻変化と「イ」の音が脱落する音韻変化の、両系統があったと筆者は推測する。以上より「殷」と「震」とは同じものを意味している可能性が高いと思う。

漢文学者である白川静氏の『中国の神話』(中公文庫/一九八〇年)によると、殷は東夷の流れをくむ者が建てた国だとある。以下にまとめてみる。誤解があれば筆者の責任である。

夏《か》は代々黄河の水神である河伯と洛水の水神である洛伯を祀っていた。この権利を奪おうと現れたのが東夷の神である羿《げい》であった。羿には二つの異なる説話が伝わっている。

一つ目の説話である。夷の羿は夏に代わって人民を支配したが、狩猟遊びに没頭して賢臣を棄てたので臣下の寒浞《かんさく》に国を奪われた。この結果夷羿の建てた有窮の国は滅んだ。この説話は夷と夏の対立抗争を示している。夷の起こした革命は一時的には成功するが、結局は失敗する。夷羿《いげい》は弓の名手であるとされていることから夷系の諸族は狩猟族の段階にあったと推測できる。

第二の説話である。羿《げい》は帝尭《ぎょう》の臣であった。尭の時代に太陽が十個出て、草木は枯れ、民は飢えに苦しんだ。また多くの悪獣が民を苦しめた。尭は羿に悪獣を退治させた。羿は最後の悪獣を桑林で捕らえた。それから九つの太陽を矢で射ち落としたので、干ばつはおさまり、民は飢えから救われた。民は尭を天子にした。この説話では羿は民政の保護者で、尭の功臣になっている。なお最後に悪獣を捕らえた桑林は殷の聖地である。

多数の太陽というモチーフの説話は苗族《ミャオ》、台湾、マライ、スマトラなどにも類型のものがある。しかし注目すべきは北東のアムール川流域に住むナナイ人の伝承である。ナナイ人はツングース系の人達で、南北両ツングースの中間語を話す。この人たちのシャーマンの説話に次のものがある。むかし三つの太陽が一度に現れて大地が湯のように沸きたった時、この世で最初のシャーマンが両端の太陽を弓で射落とし、地上は平静にかえった。

そして白川静氏は次のように締めくくる。「これらの夷羿《げい》の説話は、羿がかつて夷系の有力な部族として夏系と対立し、その支配が一時は河洛の地にまで及んだことを示すものであろう。そしてその背景には、あるいはツングース族の勢力があったかも知れない」〔『中国の神話』（中公文庫／一九八〇年）１４４～１４６頁を要約〕

こうした中国の神話から導かれる話は、筆者の推測、即ち大陸を直進したのが「チョッセン」の民で、中原に下ったのが殷という、考えと整合する。

さて、当時「殷」という呼称が使われたのは「商」と自称していた人間を、周などの周辺国の人間が、おとしめるために使ったとされている。簡単にいうと差別語として「殷の周奴らめ」といっていたのである。これは、現代の日本人が韓国人に向かって「チョウセンの奴らめ」といっているようなものと理解すれば分かりやすいだろう。同様のことが殷の末期においても行われていた。偏見でものをいうのは、人間の常である。

さて、それでは「殷」というとなぜおとしめることになったのだろうか？　周は「殷」が古朝鮮の野蛮族と同じだといいたかったから、彼ら自身が「商」と自称していたのを無視して「いいや、お前達は粛慎と同族の野蛮な奴らなんだ」といいたくてわざわざ「殷」といったのではないだろうか？　後年の唐が、渤海をおとしめるために「震国」と呼んだのと同類である。

箕の国から古朝鮮まではおよそ一〇〇〇キロの道のりである。古代にあっては命がけの旅だっただろうが、それだけ離れていても交易はされていただろう。古朝鮮の近くの孤竹《こちく》までは交流があったという記録がある。儒教の聖人として有名な伯夷《はくい》と叔斉《しゅくせい》は孤竹《こちく》国の出身である。司馬遷の史記によれば二人は周の武王の殷討伐を思いとどまらせようとしてわざわざ孤竹から中原まで出かけている。孤竹は現在の唐山市の近郊である。そこから古朝鮮は指呼の間である。当然交流はあっただろう。こう考えると、箕子が北方の異民族ではなく、東北に位置した朝鮮族を頼ったというのは理解できる。同族のよしみを頼ったのである。怖らくは日常的な交流は有ったのでは無いだろうか？　そうでないといきなり朝鮮に行くというのは、考えづらい。そしてもしかしたら古朝鮮と殷の言葉は、通訳を介さなくても、そのまま通じていたのではないだろうか。

結論である。

箕子が朝鮮に逃れたという伝承がある。「扶余」の国名が箕子を扶けた国という意味である。「殷」が差別語として使われており古朝鮮の国（民族）名と「殷」の国（民族）名がもとは同じだった可能性がある。殷が夷羿《げい》と関係するツングース系の国である可能性がある。

これらが合理的に成り立つには、殷と古朝鮮が兄弟国で交流があったと考えるのが妥当だろうと筆者は思っている。だからこそ箕子は朝鮮の地に一族を連れてやってきたのである。しかし国家は作らなかった。高度な文化や文明の恩恵を朝鮮の地にもたらしただけだった。

高句麗

三国史記高句麗本紀に次の記述がある。井上秀雄氏訳注の『三国史記・1・2・3・4』（平凡社東洋文庫／二〇〇五年）から引用する。

朱蒙《チュモン》は再思らとともに卒本川に来てその地を見るとその土地は肥沃で、地形は険しく堅固であった。そこでここを都にしようと思ったがまだ宮殿を作るいとまがなかった。ただいおりを沸流川沿いに建てここに住んだ。国号を高句麗としたので、高を氏の名とした。

〔『三国史記・１・２・３・４』（平凡社東洋文庫／二〇〇五年）２の７頁〕

なぜ高句麗といったのか、という説明は書かれていない。これについて在野の歴史家である段熙麟《だんきりん》氏は『韓国古代史の謎』（サンケイ新聞プロダクション／一九八〇年）で次のように書いている。

高句麗が建国されたと伝える漢四郡の一つ玄菟郡内の卒本というところは、現在の中国東北部（旧満州）通化省輯安県通溝に比定される地域で、史書に国内尉那岩《ウイナアム》または国内城（丸都城ともいう）と記されているところである。ここは現地名の通溝の「溝《みぞ》」の字がシンボライズしているように、旧称、沸流川（渾江）流域の峡谷地帯であって、『後漢書』に「人々はその大山・深谷に住んでいる」、『魏志』には「人々は山や谷に住み……」と記されたほどである。この峡谷を固有韓語ではコルまたはコルチャギと言うが、このコルを中国側では音写（漢訳）して溝婁（クル）と表記したのであって、『魏志・高句麗伝』には、「溝婁とは高句麗で城をいう言葉である」と記し、『梁書』にも「今ではこの城を（幘）溝婁という。溝婁とは高句麗語で城をいう」と記されている。すなわち、韓語コルをなまってクル（溝婁）と表記したのであって、中国史書の「城」は都城をさす語である。この溝婁（クル）がまた訛って句麗（クリョ）と表記されたのである。

ちなみに、高句麗を、中国の史書、『南斉書』・『周書』・『隋書』にも高麗と表記しているが、日本でも高麗と表記して「こま」と読み、その当て字として狛・杵摩などと書いているが、これは先に「神誕説」の項で詳しく述べたように、始祖朱蒙が熊女から生まれたという説話に基づいて、高句麗人は熊（韓語でコムという）トーテミズム（原始信仰）であったために、「こま（コムの転訛）」と呼ぶようになったのであろう。〔『韓国古代史の謎』（サンケイ新聞プロダクション一九八〇年）209～210頁。ルビは原著〕

かなり力の入った説だが、今ひとつ納得がいかない。一国の名前である。名前をつけるにはそれ相応の理由があるのではないだろうか？「高句麗」の「クリ」が峡谷の意味ならば「高い峡谷」となって何のことやら分からないし、「城」の意味ならば「高い城」となって、「城壁が高い城」を意味するから、一応言葉としての意味は通じるが、それをどうして国の名前にしなければならなかったのかが理解できない。また、多くの者が犯すのと同じミスを段熙麟氏も犯している。段熙麟氏が例として出している「韓語」はすべて現代語である。高句麗建国当時の「韓語」がそういう発音だったというのならば、まだ分かる。しかし現代の「韓語」と中国のその当時の史書に書かれている意味や現代の韓国語での発音が同じだから、そうなのだ、という説明では納得がいかないのである。古代の「韓語」

がどういう発音だったかは分からないのだから、せめて意味なり状況なりに合理性がなければならないだろう。そして最後に押さえとして現代の「韓語」が古代の「韓語」と発音が大きくずれてないならばこういう意味になる、というアプローチが妥当なアプローチではないだろうか？　よって、段熙麟氏の説は証拠として採用できない。立証が不完全だからである。

筆者は在野の言語学者川崎真治氏が『倭人興亡史2』（日康／一九七九年）の中で書かれた説を取る。川崎真治氏によると古代メソポタミアのウル語や、シュメール語では、山を「クル」といったそうだ。メソポタミアにいたイシン王朝の人間が東征したのであれば最初はメソポタミアの言葉を使ったであろう。そして幾つかの言葉は後の世にまで残ったであろう。そうであれば高句麗は高いクル、すなわち高い山と解釈することができる。高い山はシャーマニズムでは、神の降りるところであり、神の依り代である。そこは天界に最も近いところである。朱蒙誕生神話で見たとおり、朱蒙の父親は扶余王の解慕漱《ヘモス》であった。「解」とは朝鮮語で太陽を意味する。王はシャーマンとしての機能を持っていたから太陽を意味する「解」を名乗ったと推測できる。

山はツングース系の騎馬民族にとっては神の依り代である。ツングースの一派である扶余族は高句麗、百済、任那日本、日本とつながる。日本でも山は神の依り代であり、そこから地上の神社に神がやって来るのである。日本の神社のいくつかは今でも御神体は山そのものである。古代でも、高い山は神そのものだった。だからそう解釈すると「高句麗」というのは「神の国」という意味になる。それを中国人が音写したのである。

ちなみに天山山脈にハン・テングリ（khan-tengri 七〇一〇メートル）という山がある。かつては最高峰とされていたが、今では二番目に高い山とされている。白い鷲が大きく羽を広げたような、美しい山である。霊峰といっていいだろう。

ハン・テングリとはウィグル語で「天の王」という意味らしい。山は神の依り代だから、もともとの意味は「偉大なる者がいる山」という意味だったのではないだろうか？「ハン・テングリ」のハンはチンギスハーンのハーンと同じく偉大なという意味だろう。韓国では新羅の王に「干《カン》」という文字がついた者もいる。また韓国の「韓（ハン）」も偉大なという意味である。

朝鮮の文字をハングルというが、ここでのハンも偉大なという意味である。グルは文字

ハン・テングリ（写真：杉本敏宏）

という意味である。ハングル全体で偉大な文字という意味になる。このように、「カン」「ハン」は遊牧民族に共通する「偉大な」あるいは「尊き者」という意味の言葉である。

ハンが転じて「天」の意味になるのは韓国語の事例からも理解できる。古代朝鮮の人は、この世を大きな卵の中にあると考えた。大きな卵のことを韓国語では「ハン・アル」という。「ハン」が偉大なという意味であり、「アル」が卵の意味である。子音は次の母音とリエゾンするから「ハン・アル」は「ハナル」と発音した。これが転じて「ハヌル」になる。「ハヌル」とは現代韓国語で「空」「天」という意味である。神さまは「空にいる方」という意味で「ハヌル・ニム」といった。転じて「ハヌニム」である。「ハヌニム」を「ハナニム」というのは、キリスト教徒である。「ハナニム」というのは「唯一の方」という意味になる。「ハナ」は「一」という意味であり、日本語で「ハナからダメだ」というときの「ハナ」はもとは韓国語である。

「ハン・テングリ」の「グリ」はもとは「山」という意味だろう。「テン」は分からない。

ところで「高句麗」の「句麗」は現代韓国語では「クリョ」と発音する。日本では「くり」と発音する。日本の発音は百済の発音をそのまま真似た結果である。日本語の漢字の発音の多くは、百済時代の発音をそのまま伝えている。このことから、高句麗が誕生した頃は、現代韓国語の発音である「クリョ」ではなく、現代日本の発音である「クリ」あるいは「グリ」と発音していた可能性が高いと筆者は考える。朝鮮語では母音のあとの子音は濁音化するのが普通だから「クリ」は容易に「グリ」になる。それゆえ当時の発音は「コウグリ」か、あるいはそれに近い発音だったはずである。

以上のような事実を元に考えた場合、苦難の末に建国した国の名前に「高い城」という意味の名前をつけるのと「神の国」という名前をつけるのと、どちらが妥当だろうか？当事者であれば「神の国」と名付けるのではないだろうか？　よって「クリ（グリ）」とは「山」の意味に違いないだろう。「高グリ」は「ハン・テングリ」と類似の意味をもつ言葉である。「神の居ますところ」転じて「神の国」である。

百済

紀元前一八年　朱蒙《チュモン》の妻召西奴《ソソノ》の子であった温祚《オンジョ》が百済を建国した。温祚は朱蒙の実子とも召西奴《ソソノ》の連れ子ともいわれている。温祚は次男で長男は沸流《プルリュ》といった。

三国史記百済本紀には国号の由来を次のように書いている。古代史家である井上秀雄氏訳注の『三国史記・1・2・3・4』(平凡社東洋文庫/二〇〇五年)から以下に引く。

十人の家臣が温祚を助けたので国号を十済《じっさい》といった。この時が前漢成帝の鴻嘉《こうか》三年(紀元前十八年)だった。沸流は弥鄒の土地が湿り水が塩辛いので安らかに暮らすことができなかった。沸流が慰礼城に来てみると、町並みが整然とし、人々が安泰に暮らしているのを見て恥じ悔いて死んでしまった。沸流の家臣は皆慰礼城に帰属した。その後この地へやってきた時、百姓〈ひゃくせい〉が楽しみ従ったことに由来して国号を百済と改めた。[『三国史記・1・2・3・4』(平凡社東洋文庫/二〇〇五年)2の273~274頁。ルビかっこ書きは原著。かっこの内〈 〉は筆者]

これはそのまま信じてよいものか疑問である。温祚と部下一〇人が支配したのなら、合計は一一人である。それを殊更部下だけに注目して「十済」というのは、こじつけ臭い。

さて、温祚がやってくるまでその地域は馬韓といわれていた。図一（13頁）で確認されたい。東側は弁韓であり、更にその東は辰韓である。辰韓について、先に引いた魏志韓伝を再掲する。

辰韓は馬韓の東方に位置する。その地の古老たちが代々いい伝えるところでは、自分たちはいにしえの逃亡者の子孫で、秦の労役を逃れて韓の国へやってきたとき馬韓がその東部の土地を割いて与えてくれたのだ、ということである。

それで現在でも秦韓と呼ぶ者がいる、と書かれている。秦の者が流れてきたから秦韓で、辰韓はそこから転じたことになる。

一方同じ魏志韓伝によると馬韓には五〇余国がありその中に「伯済」という国がある。おそらくこれが周囲の国を征服して百済になったと思われる。ならばこの伯済の元は何だろうか？

温祚が新天地を求めてやってきた時、そこはすでに支配者あるいは有力者がいたと推測できる。侵略者である温祚と家臣は、土地の支配者を帰属させて建国したのではないだろうか？　秦の流民が移住したように、あとから来た者や、先住民族でも、あとから来た者に追い払われた者は、新天地を目指すしかない。百済が来る前にそこに国のようなものを作っていたものとしては、「貊」が考えられる。高句麗が成立するころ、それまで北にいた濊族と貊族は高句麗の南に南下している。貊族の一部は新天地を求めてさらに南下し、倭人が支配していた土地に移住したのではないだろうか。これならば「貊済倭」つまり貊が倭人を済した、あるいは土地の者を済したということで、「貊済」といい、貊の音と同じ伯の音で中国人が記録した可能性がある。そうであるなら「伯済」という国は貊族が建てた国だったと推測できる。そこを温祚が侵略した、あるいは手なづけたことで、「伯済」の伯を百姓《ひゃくせい》の百に変えたのではないだろうか。そうでないと三国史記にあるように、もとが「十済」ならば十を百に変えた理由が分からない。千や万にしないで百にした必然性がなければならないだろうと思う。「百姓《ひゃくせい》」が済したから「百済」というのは、こじつけのような感じがする。加えて支配者が部下のためだけに国名を考えるなどということはあり得ないことだろう。常識的には自分が支配したという痕跡を残すか、あるいは天のお陰で支配できたという意味の名前をつけるだろう。

たとえば「天済」である。温祚は朱蒙の次の世代だから「高句麗」が「神の国」という意味だと知っていたはずである。そんな人間が最初に「十済」という国名をつけるとは疑わしい。さらには「十済」を元にして「百姓《ひゃくせい》」が済したから「百済」という国名にするとは考えられないことである。実際「くだら」は王や貴族が支配した国で、「百姓《ひゃくせい》」即ち諸民が支配した民主主義国家ではなかった。どのような点から見ても「百済《ひゃくさい》」はこじつけである。以上のような点から三国史記の説明には全く同意できない。この部分は証拠としては採用できないと、筆者は判断する。

妥当なのは貊族が建てた国を伯済と表記していたから、伯と同じ発音で、違う意味の百にした、ということであろう。百は呉音では「はく」と発音した。漢音の伯（はく）と同じである。それで漢字を同じ発音のものに替えたのである。何のしがらみもなければ建国者は「高句麗」＝「神の国」のような、強力な意味を持ってくるはずだからである。

温祚はなぜそうしなかったのだろうか？　自分たちが征服したのだから、自分たちの好きに国名をつけるべきではないだろうか？　彼あるいは彼を含む建国者たちがそうしなかったということは、そうできない理由がそこにあったということを意味している。その理由を推理してみる。

伯済の国は倭人の国である。遙か後年の任那が滅びる頃（五六二年）まで倭語が残っていた地域である。その事実は日本書紀の中にバイリンガルが何人も出てくることを前章で見た通りである。温祚が建国した当時（紀元前一八年）は建国者たち以外の全員が倭人あるいは倭人文化に属する扶余系の倭人だっただろう。温祚は異民族の土地に国を建てたのである。いわば略奪王朝である。彼らは武力でその土地の王を倒したものの、住民が反旗を翻せば直ぐにでも殺されてしまうような弱い征服者だった。三国史記によれば部下の一〇人と共に支配したとある。実際はもう少し多くいただろうが、支配者と被支配者の、数の上での差は、圧倒的だっただろう。小数の扶余人が多くの倭人を支配したのである。だから一度住民が反旗を翻せばひとたまりもない。そんな恐怖を感じながら、薄氷を踏むような思いで温祚たち支配者は異民族を支配していたことだろう。

数の論理がどれだけ恐いかというと、近年ではこんなことがあった。『陸戦史集・朝鮮戦争』（原書房／一九七一年）を見ると、戦争の終盤では局地戦が展開され、戦線は膠着状態だった。休戦協定までに、少しでも領土を広げようと、小さな山一つを巡って猛烈な争奪戦が繰り返されていた。昼間はアメリカ軍が、爆撃と砲撃で中国軍を圧倒し、山を占領できた。しかし夜になると中国軍が雲霞《うんか》の如く押し寄せる。アメリカ軍は機関銃を連射し続けるが、中国軍はそれでもやってくる。やがてアメリカ軍の機関銃は銃身が真っ赤になり、弾を撃てなくなる。押し寄せてきた中国軍とアメリカ軍は銃剣で戦う。アメリカ軍は頑張るが、しかし多勢に無勢だから、山を放棄するしかなくなる。陣地を失うわけである。明るくなるとアメリカ軍は、夜の間に奪われた陣地を、爆撃と砲撃で奪い返した。そして夜になると、また中国軍がやってくる。

こうしたことから思うのは、アメリカ軍の兵器がどれだけ近代的で優れていても、対峙して戦うときは、民衆が団結している限り棍棒でも相手を倒せるということである。

また強い者を倒すには、飯を食えなくすればいいということも分かる。韓国軍で最初の大将になった白善燁《ペクソニョプ》氏の『指揮官の条件』（草思社／二〇〇二年）によると、中国軍の攻勢でソウルが二度目の占領をされたときに、将軍は、攻勢は全羅道の北部あたりで止まると読んでいる。それは朝鮮を侵略した過去の異民族が総てそのあたりで挫折しているからである。理由は、兵站《へいたん》が伸びきって、そこが限界だったからである。兵站《へいたん》というのは軍事用語で、武器弾薬、食糧の補給をいう。このときの中国軍も過去に朝鮮を侵略した異民族と同じで、兵站が続かずに国連軍に押し返された。腹が減れば、どんなに強い者でも戦《いくさ》はできないのである。また、民衆を怒らせるとこれほど恐いことはないのである。そんなことを温祚たち小数の支配者たちは百も承知していたはずである。

そんな事情があったから対外的には今までとは違う国だということを示しつつ、対内的には発音が同じ国のままにし、倭人たちに国名が変わったことを悟られないようにする必要があったのである。当時は三国時代の呉の国が出てくる前であるが、百済地域は、対岸の山東省や揚子江周辺地域とは、伝統的に交流が盛んである。倭人というのは第一章でも見た通り海洋の民である。出身地である呉や越の国とはその後も交流や交易を続けていただろう。扶余人が倭人を支配しても、そのような既得権益は当然引き継いだに違いない。そこで支配者となった温祚たち扶余人は「伯済《はくさい》」が「百済《はくさい》」に変わったと倭人の出身地である呉や越の人々に対して自己主張する必要があった。俺が新しい支配者だ、と言いたかったのである。しかし国内的には住民パワーを怖れて「伯済はくさい」は「百済はくさい」

のままで何も変わってないかのようにした。基盤がなく、いつ住民から殺されるかも知れないという恐怖を持った弱い征服王朝が考え出した苦肉の策が「百済」という国名の実態だったのではないだろうか？　こう考えて初めて「百済《はくさい》」という、何の意味か分からない国名を採用した理由が明らかになるのである。

なお、日本では近代になってから「百姓」を農民に限定した意味で使うようになったが、それまでは多くの民のことを百姓といった。朝鮮では今も「百姓」は「ひゃくせい」すなわち「一般大衆」という意味で使っている。

新羅

新羅の国号については三国史記新羅本紀巻一、第一代赫居世居西干の条に「国号を徐那伐といった」という記述がある。また巻の四第二二代王智証麻立干の四年（五〇三年）に次の記録がある。『三国史記・1・2・3・4』（平凡社東洋文庫／二〇〇五年）より引用する。

冬十月、群臣が〔次のように〕上奏した。
始祖が国を初めていらい国名がまだ定まっていません。あるときには斯羅《しら》と称し、あるときには斯盧《しろ》と称し、あるときには新羅《しんら》といいます。私たちが思いますには、新とは「徳業が日々新たになる」〔という意味で〕、羅とは「四方を網羅する」の意味ですから、それこそ国号にふさわしいものではありませんか。また、昔から国家を支配するものは、みな帝とか王とか称しています。〔しかし〕わが国では、始祖が国を建てていらい今日にいたるまで二十二世代にわたってただ〔王の〕方言を称えており、まだ王の称号を正式に採用していません。いま群臣の一致した意見で、つつしんで新羅国王の称号を奉りたい〔と思います〕
王はこの意見に従った。[『三国史記・1・2・3・4』(平凡社東洋文庫/二〇〇五年)1の96~97頁。ルビかっこ書きは原著]
以上より五〇三年より新羅は対外的に新羅と名乗るようになったということと、初めは徐那伐《ソナボル》といっていたが、その後斯羅《しら》とか斯盧《しろ》といっていたことが分かる。なお、斯羅《しら》、斯盧《しろ》は現代韓国語で発音すると、斯羅《サラ》、斯盧《サロ》である。

徐那伐《ソナボル》は井上秀雄氏の『三国史記』の注記によると、「徐」は「sot」と読みその意味は「高い」「上の」という意味だとしている。「那」は国という説と聖林とする説とがある。「伐」は「Bwr」と読み「村落」の意味であるとしている。単純に考えると「高い国にある村」ということになる。ところで「伐」の発音「Bwr」は、現代語では原っぱという意味である。筆者はこちらの意味の方が妥当ではないかと思っている。これだと「徐那伐《ソナボル》」を倭語に翻訳すると、「高天原《たかまがはら》」になる。前に開聞岳のある鹿児島県には新羅系の人間がたくさん居ただろう、と推測したが、宮崎県は鹿児島県の隣の県である。よってここにも新羅人がたくさん来ていたのではないだろうか。彼らの「徐那伐《ソナボル》」の記憶が、「高天原《たかまがはら》」に置き換えられたのではないかと推測する。

なお「徐那伐」から国を意味する「那」が落ちると「徐伐《ソッボル》」になる。これが現代語「ソウル」の語源だろうと筆者は思っている。

ところで新羅《シルラ》という国の名前は「徐那伐《ソナボル》」がそのまま変化してできた言葉とは考えにく

い。三国史記列伝、金庾信の解説で井上秀雄氏は、「金官国の金はsōで東の古訓sō、曙・新の訓saeと通じ」〔『三国史記・1・2・3・4』（平凡社東洋文庫／二〇〇五年）4の21頁〕と解説しているからである。このことからすれば「新羅《シルラ》」の「新《シン》」は臣下が王に対して奏上したような、「新しい」という意味ではなく、鉄の意味と解するべきである。当時は「新」と書いて、「スウェ（鉄）」と、訓読みをしていたと推測する。こうしたことから「斯羅《サラ》」「斯盧《サロ》」「新羅《シルラ》」はすべて「鉄の国」と解釈すべきだと考える。それを新しい、という意味に解釈したのは、三国史記の編者の勝手な創作であろう。彼らは扶余語を漢字で表記する時に、祖先がどういう使い方をしたか、ということを知らなかったのである。それで「新」を訓読みせず、意味で解釈してこじつけをしたのである。日本の場合は万葉仮名の時代から音読みと訓読みという使い分けがなされていたから、読み誤ることは希だが、朝鮮では、三国史記が編纂された高麗時代の初期には、訓読みという習慣はほぼ失われていたとみるべきだろう。

以上より、「新羅」は部族国家の時代は「徐那伐《ソナボル》（高天原《たかまがはら》）」と呼ばれていたが、鉄を多く産するようになり、そのことで国力がつくようになってからは「斯羅《サラ》（鉄の国）」「斯盧《サロ》

（鉄の国）」と呼ぶようになり、対外性を意識してからは「新羅《シルラ》（鉄の国）」と自称するようになったと考える。

韓

韓は偉大なる者「ハーン」の音訳語である。「ハーン」はまた「カハーン」ともいう。「韓」と同様のものに扶余、高句麗での「加」新羅の「干《カン》」「邯《カム》」「今《クム》」がある。

後漢書東夷伝には次の記述がある。

初めに朝鮮王の準が衛満に破れ、数一〇〇〇人を率いて海から馬韓を攻め自ら韓王となった。

これは紀元前一九五年頃のことである。魏志韓伝、馬韓の条にも同じ内容が書かれている。この頃には「ハーン」という言葉を持った北方の騎馬民族が朝鮮半島の南部にまで入り込み、村落国家を作っていたことが分かる。後漢書東夷伝はこれより前に辰韓と弁辰についてこう書いている。『後漢書第十冊』（岩波書店／二〇〇五年）から引く。現代語訳は筆者。

辰韓は古老がいうには、秦からの亡命者が苦役を避けて韓の国に行くと、馬韓は東の土地を割いて与えた、とのことだ。（辰韓では）国のことを邦といい、弓を弧といい、賊を寇といい、酒を巡らせることを行觴《こうしょう》といい、お互いを徒と呼ぶのは秦の言葉に似ている。城柵に部屋がついている。多くの村々に長がおり、その中でも大きい者を臣智という。次の者を倹側という。その次は樊祇《はんし》、次を殺奚《さっけい》、次を邑借《ゆうしゃく》という。土地は肥沃で五穀がなる。養蚕を知っており、絹布を作る。牛馬に乗り、婚姻儀礼がある。通りでは互いに道を譲る。国からは鉄が出る。濊、倭、馬韓はみなこれを買う。貿易の時には鉄を貨幣として用いる。風俗としては歌舞、飲酒、琴を弾くことを好む。子供が生まれると頭を扁平にしようとして石で頭を押す。

弁辰は辰韓と雑居し城郭、衣服は皆同じだが、言語風俗は異なっている点がある。人は皆大柄で髪が美しく、衣服は清潔だ。刑法は厳しい。国は倭に近いので、入れ墨をしている者が多い。［『後漢書第十冊』（岩波書店／二〇〇五年）29〜30頁］

魏志韓伝にも同様のことが書かれている。辰韓は、子供の頭を扁平にしようとするなど、倭人の風習と思われるものがある。この時代、朝鮮半島南部には倭人が住んでおり、倭語が主流の時代である。また多くの者が扶余語と倭語のバイリンガルであった。

辰韓には中国語の断片が残っている。秦から苦役を逃れて多くの人がやって来たのが原因である。そんな辰韓と弁辰の言葉は通じないところがあったようである。最後の段落に「弁辰は辰韓と雑居し城郭、衣服は皆同じだが、言語風俗は異なっている点がある」と書かれているからである。

辰韓、特に南部においては、筆者は扶余語が話されていたと推測する。根拠は辰韓で鉄が多く産出されていたという点にある。製鉄技術は当時の最先端技術である。しかも権力を維持するためには絶対に必要な武器の製造と密接に関連している。この時代、製鉄技術は北から南に流れている。即ち扶余族の権力系統に属する者たちが世襲的にこの技術を維持していたはずである。製鉄技術のない者には、鉄鉱石や砂鉄は何の意味も無い。「この石から鉄を取り出せる」「この砂から鉄を取り出せる」と知っている者にしか意味が無いものである。鉄が産出されていたということは、そういうことが分かっている者が住み着いていたということを意味する。つまりは扶余系の人たちである。彼らが話していたのは扶余語である。これは倭人が住んでいた地域の倭語とは異なる言葉である。弁辰は辰韓と言葉が違う部分があるというのであるから、弁辰には倭人と扶余人が混在していたと推測できる。弁辰は倭に近いということであるから、倭人地域では当然に倭語が話されていたことだろう。この時代の弁辰は扶余人と倭人の混在地帯になっていたのである。そして扶余語と倭語がちゃんぽんで用いられていた。倭語の部分は、辰韓の扶余語ネイティブの者には意味が分からなかった。そんな状況だっただろうと推測する。

第三章　大王の東進

これまでの説

日本という国がどのようにしてできたのか、ということについては諸説ある。が、それらの多くをまとめると違いはただ一つに集約されるだろう。それは天皇家が外来のものか、日本国内で自然発生（自生）したものか、という違いである。大和朝廷が「渡来人」や「帰化人」の協力なしに存在し得ず、日本人の多くが半島から来た者とその子孫であることは、概ね異論の無い所だろう。

しかし天皇家の一事に限っては、外来説と自生説とが激しく対立する。学者の多くは自生説であり、外来説を唱える者は、多くが在野の者たちである。

その裏には現代の偏狭なナショナリズムが影響しているように思う。一つは韓国人や在日の、短絡的な半島由来説がある。簡単にいうと何でもかんでもメイドインコリアだ、といって、韓国が日本より上であるかのようなことをいうのである。

一方、日本側の主張は、日本書紀を作り上げた意図と同じで、自分たちは最初から日本だったのだ、誰の影響も受けてない独自な存在なのだ、といわんがためのようである。これもまた偏狭なナショナリズムの発露のように思う。

筆者は現在得られる情報から、合理的な推論をしたいと思う。天皇家がどこからやってきたかにかかわらず、「日本」文化は「渡来人」の文化を消化し、その結果日本の言葉は母音止まりという基本を変えず、多神教が現代まで続いているのである。

朝鮮は多神教でありながら、神話は一神教であり、八百万の神の総てに名前がついているわけではない。これは日本とは次元が異なる相違点である。現代では朝鮮は儒教の国となり、日本は江戸文化の影響の強い民族となり、両者は完全に異なる文化を持つに至っている。一五〇〇年の時を経て、もともとは大差の無かった二つの民族は全く異なる文化を持つ存在になったのである。仮に天皇家が半島からやってきたとしても、現代には何の影響も与えないし、日本や天皇家をおとしめることにはならないだろう。一七〇〇年間も王家が続いたというのは、それ自体すごいことなのだから。ただ、筆者の推測では、天皇家は扶余の後裔《こうえい》だと思っているから、扶余という国家が興ったときから数えれば、二五〇〇年の歴史という事になる。軍国主義の時代にいわれた皇紀二六〇〇年というのは、数字自体は、そこそこ当たっていたのではないか、と筆者は思っている。

さて、この問題に嚆矢《こうし》を放ったのは東京大学名誉教授で考古学者の江上波夫氏の騎馬民族国家説である。口頭での発表は一九四八年だったが、本として出されたのは一九六七年の中公新書が最初である。以下は『騎馬民族国家』（中公新書／一九七九年）を参考にして筆者がまとめた。

四世紀前半　馬韓《ばかん》月支国《げっしこく》の辰王《しんおう》が北九州の筑紫に入り政権を立てた。辰王の日本側の記録は御間城（みまき）入彦（いりひこ）五十瓊殖（いにえの）天皇（すめらみこと）である。別名は御肇国天皇（はつくにしらすすめらみこと）である。漢語的表現では崇神《すじん》天皇になる。

彼は四世紀後半から五世紀初めに筑紫より畿内に移り、河内で政権を立てた。その後大和盆地の豪族を吸収して統一国家を作ったのが応神《おうじん》天皇である。記紀はこれを神武《じんむ》天皇の話として、時代を下げて記録した。


江上波夫氏の説は、考古学的な証拠資料が出てこないことなどから、現代ではあまり支持されてない。

江上波夫氏の説に批判を加えながら、新たな説を提唱したのが小説家の松本清張氏である。以下にその内容をまとめる。参考としたのは『清張通史2空白の世紀』(講談社／一九七七年)である。


征服王朝が北九州で百年程度を過ごしたのなら、それなりの遺跡がなければならないのに、それが出てこない。

この部分は、その後に吉野ヶ里遺跡が発見されている。氏が長生きをしていれば、この部分の説は変更しただろうと思うが、それはさておき、氏の説を続ける。

北九州で基盤をつくった勢力がわざわざ東征しなければならない理由がない。半島や大陸から来た人々は来るたびに人口の少ない地域を求めて移動しただろうから、瀬戸内海周辺地域は、あとから来た人たちで徐々に東征していたはずである。大和朝廷を築いた人は「辰王」と特定することはできないが、「夫余」族の誰かであり、日本に来たときはすでに北九州を支配している強力な部族がいたから、彼らはそこを避けて畿内に直行した。なお氏は、百済が「夫余」姓を名乗っていたことから「扶余」ではなく「夫余」を使っている。

畿内には「夫余」族の先遣隊がすでに勢力を持っていた。たとえるなら、任那に本店があり、その支店が畿内で栄えたので、百済や新羅の圧力で住みづらくなった本店の社長は、倭国の畿内に本店を移転することにした。先に来ていた大和の豪族の多くは、支店長であり、社長を迎え入れるのに尽力した。大王はその後に畿内に入り大和朝廷を立てた。というものである。氏は大和に入った天皇は応神《おうじん》天皇だとしている。時期は三六〇年から五〇〇年頃の間と推定している。

その後民俗学の谷川健一氏が『白鳥伝説』（集英社／一九八六年）という作品で新説を展開した。以下にその内容をまとめてみる。

天皇家が東征したとき、物部《もののべ》氏は初め抵抗したが、後には大王家に協力してナガスネヒコを成敗するのに力を貸した。物部氏は大王の部下になった。

東征したのは崇神《すじん》天皇で、天皇の和名である御間城（みまき）入彦（いりひこ）というのは筑紫の水沼地方からやってきて大和に入ったという意味である。移動経路は現代に残る地名から推測しており、説得力がある。

また「日本」というのは九州から見て東になければならないから、大和が日本という結果と合致する。日本というのはもともと「日の下《もと》の草香」といっていたように、河内の日が出る方角を見て言った言葉である。また歴史家の上田正昭氏の説を引いて日本という言葉は文献で見ると大宝二年（七〇二年）が下限で、使用は天智九年（六七〇年）の頃からであるとしている。また『新唐書』「日本伝」では、

「倭の名を悪《にく》み、更めて日本と号す。使者自ら言う。国日の出づる所に近し、以《ゆえ》に名と為すと。或いは云う。日本は乃ち小国。倭の併わす所と為る。故にその号を冒せりと」

文中の使者というのは遣唐使のことである。日本から来た当事者がそう語ったということである。この部分、「旧唐書」では以下の通りである。

「日本国は倭国の別種なり。その国日辺に在るを以て、故に日本を以て名と為す。或いは曰う。倭国自らその名を悪《にく》み、改めて日本と為すと。或いは言う、日本は旧《もと》小国、倭国の地を併せたり、と」

つまり「旧唐書」では日本が倭国を併せたが、「新唐書」では、倭国が日本を併せてその名前だけを受け継いだ、となっている。まったく逆のことが書かれている。

この点につき谷川健一氏は遣唐使自らが語った方が信憑性が高いとし、倭国というのは「旧唐書」の冒頭にあるとおり「倭国は古の倭奴国なり」とあるから倭国というのは北九州にあった国であり、日本というのは、それより東の大和の地にあった日の出る場所のことだとしている。移動の時期は三一八年としている。

これらをもとに筆者なりの検討を加える。まず検討すべきことは、移動の目的地がなぜ「大和」でなければならなかったのかということであり、次いでそこへ、なぜ移動しなければならなかったのか、ということである。

補足：旧唐書は中国の五代十国時代（九〇七〜九六〇年）の後晋の時に編纂された歴史書。唐の時代（六一八〜九〇七年）を記録している。

新唐書は北宋時代（九六〇〜一一二七年）に編纂された歴史書。旧唐書が資料不足で書かれていたので、それを補って唐の時代を書き直した。

この段落で旧唐書の日本語訳は石原道博編訳の『新訂旧唐書倭国日本伝他二編』（岩波文庫／二〇一〇年）に依った。新唐書の日本語訳は藤堂明保・竹田晃・景山輝國氏訳による『倭国伝』（講談社学術文庫／二〇一一年）に依った。

なぜ大和なのか

まず、なぜ「大和」なのか、ということである。これには二つの理由があると思う。一つは「大和」が盗りやすいところだったということであり、今ひとつは、「大和」は盗るに値する場所だった、ということである。当時の「大和」は銅を産出し、鉄も作っていた。即ち「大和」は、豊かな土地であるということと、盗りやすいところだったという二つの条件を備えた場所だったということである。なお「大和」は侵略の後に使うようになった言葉だと思われるので、侵略完了までは括弧付きの「大和」とする。

当時、「大和」以外で金属と共に繁栄していたところとしては、北部九州と出雲とが考えられる。北部九州は銅、出雲は鉄の産地である。侵略するからには、武器の供給が途絶えるような所は攻める理由がない。近年の日本が真珠湾攻撃のあと、ゴムやオイルを求めて、マレーやインドネシアに進出したのと同じ事である。軍事力を維持できる場所を狙って、「東征軍」は移動を開始したはずである。

日本書紀の神武天皇三一年夏四月一日の条に次の記述がある。以下日本書紀については、宇治谷孟氏の『全現代語訳日本書紀　上・下』（講談社学術文庫／二〇〇七年）から引く。

昔、伊弉諾尊《いざなぎのみこと》がこの国を名づけて、「日本《やまと》は心安らぐ国、良い武器がたくさんある国、優れていてよく整った国」といわれた。［『全現代語訳日本書紀　上・下』（講談社学術文庫／二〇〇七年）109～110頁。ルビは原著］

この記述通りなら、「大和」の地は「武器がたくさんある（作られる）国」と「神代《かみよ》の時代」から認識されていたことになる。当然、認識された時代が「神代《かみよ》の時代」からであるはずはないが、当時の「大和」には長髄彦《ながすねひこ》などの金属加工集団が居たわけだから、「東征軍」はそこが武器の産地であることは知っていたし、だからこそ、その地を選んだのである。

なお「東征」という言葉は日本書紀で使われている言葉である。勝者から見れば「大和」

への進出は「東征」であった。しかし敗者から見れば彼らは「侵略軍」だった。こうした観点から「東征」あるいは「東征軍」は括弧付きで使うことにする。

さて、日本書紀によれば、強力な軍隊は物部軍と長髄彦《ながすねひこ》の軍である。物部氏は天孫の印を持っていた、と書かれているから、半島出身の金属精錬集団で、先住民である長髄彦《ながすねひこ》と戦うことなく、共存していたと思われる。そこへ出自を同じくする「東征軍」がやってきたので、物部氏は初めは協力しなかったものの、あとから「東征軍」に協力した。この結果先住民の長髄彦《ながすねひこ》は破れる。

天孫の印というのは具体的には書かれてないが、怖らくは三種の神器に類する物で、それを見れば直ぐに同族と分かるようなものであっただろう。三種の神器というのは天皇家に伝わる三種類の宝物で、八咫鏡《やたのかがみ》、八尺瓊勾玉《やさかにのまがたま》、草薙剣《くさなぎのつるぎ》をいう。物部氏は怖らくは銅鏡を持っていたと推測する。根拠は谷川健一氏が物部氏は銅鏡を加工する技術者集団だったと推測しているからである。

「東征軍」が破った軍は日本書紀に出てくる順番に書くと以下の通りである。

名草戸畔《なくさとべ》、丹敷戸畔《たしきとべ》、兄猾《えうかし》、八十梟師《やそたける》、八十梟師《やそたける》の残党を酒に酔わせて皆殺しにする、兄磯城《えしき》、長髄彦《ながすねひこ》、新城戸畔《にいきとべ》、居勢祝《こせのはふり》、猪祝《いのはふり》、土蜘蛛《つちぐも》。

谷川健一氏は、兄猾《えうかし》は丹砂から水銀を取り出す人だったろうと推測している。また八十《やそ》梟師《たける》の居たところは地名から鉄器の鋳造が行われていたと推測している。土蜘蛛は鋳銅に関連した工人との推測である。いずれもそうであろうと思う。

彼らは総て先住民である。端的にいうとアイヌ人である。物部氏は朝鮮半島からやってきたと谷川健一氏は推測している。物部氏は日の神をまつる役割を担っていた。それで銅鏡を加工する技術を持ち、銅そのものの採掘から精錬まで行っていたとみている。彼らは「大和」にやってきて、そこのアイヌ人たちと共生した。「東征軍」がやってくるまで彼らは平和に暮らしていた。そこへ突然「東征軍」がやってきたのである。先住民側から見れば東征軍は侵略軍であり、悪い奴らである。しかし「東征軍」から見れば、先住のまつろわぬ者どもは「敵」である。彼らはやっつけられて住むところを失った。

以上見てきたように「大和」は武器を作るのに必要な、金属資源が豊富な土地だった。

それゆえ「侵略」の対象になったのである。

勝てる相手

戦をするからには、勝てるという見込みのもとでしなければならない。侵略される場合は、とにかく戦うしかないが、攻めるときには、どれだけの時間とコストで勝てるか、という計算がきちんとできていなければ開戦はできない。太平洋戦争を起こしたときの日本の軍部は精神論だけで戦争を始めた。明治の軍人とは大きな違いである。戦争をする場合は、勝てるかどうか、冷静に計算するのは当たり前のことである。日本の軍部は一応そういう計算をしていながら、計算結果を無視して戦争に突き進んだ。常識的には勝てないと知っていながら、精神論で突き進んだのであった。普通は戦争を始めるからには、慎重に事を進めるものである。そして兵を動かすときには迅速を以て旨とすべきである。食糧も矢のような武具も、時間がかかるほど消耗する。攻めるときは素早く攻めるのが鉄則である。

しかるに、日本書紀によると「東征軍」は「大和」を征圧するのに六年もかかっている。ただし、その内の三年は吉備の国で船舶をそろえ、兵器や食糧を蓄えるのに費やしている。準備期間三年、戦闘期間三年である。慎重にやったといえるだろう。古事記では吉備で八年としているが、数字があるだけで、具体的な内容がない。よって筆者は日本書紀の三年が妥当だろうと思っている。

谷川健一氏は「東征軍」は北部九州から来た、としている。出発地は水の豊富な水沼地域だという結論である。しかし五二八年の磐井の乱では、大和朝廷の命を受けた精鋭軍の物部麁鹿火《もののべのあらかい》ですらこれを倒すのに一年以上もかかっている。

物部《もののべ》氏は有力豪族であり、物部麁鹿火《もののべのあらかい》は大連《おおむらじ》に任じられていた。大連は軍事を司る役職である。他に軍事の大連には大伴氏がいたが、こちらは近衛兵的な位置づけで、物部氏は全軍の最高司令官という位置づけであった。即ち戦争の前線での総責任者だった。

当時朝鮮半島では任那が新羅に攻められて滅亡の危機に瀕していた。これの救援に向かおうとしたところへ北部九州の豪族である磐井が反乱を起こしたのである。大和朝廷としては一日も早く乱を平定して任那の援軍に向かわなければならなかった。だから全力で磐井を攻めたはずである。それだのに一年もかかってしまった。それだけ磐井軍が強かったということである。

大和朝廷は「東征」の後に出雲から「国譲り」を受けている。日本書紀では神代《かみよ》の時代に国譲りを受けたことになっているが、これは神話である。歴史的事実としては、大和朝廷というものが存在したあとでないと、起こりえないものである。

出雲はなぜ国譲りをしたのだろうか？　出雲が大和政権を勝てる相手だと見ていたなら、「国譲り」などするはずがないのである。結果から見て「国譲り」をした頃の大和政権は、出雲よりもはるかに強大だったといえるだろう。逆にいうなら、「東征」の時点で出雲が「国譲り」をするぐらいに「東征軍」が強力だったなら、「東征軍」は「大和」ではなく出雲を攻めても良かったし、弱い「大和」を侵略地に選んだとしても、六年もかからなかったはずなのである。「東征軍」は弱かったから、「大和」以外の豊かな土地は、侵略対象にできなかったと考えるべきである。

さて、「大和」を支配した大和政権は出雲が戦わずして降伏するぐらいに強力になっていた。そんな強力な大和政権の精鋭軍が磐井を倒すのに一年もかかっている。それは磐井の北部九州軍が相当に強力だったということを意味している。

当時の時代の変化は今ほど大きくはないから、「東征」があった当時の北部九州の軍は磐井の時代とあまり変わらなかったのではないだろうか？　もしそうであるならば、北部九州から出た「東征軍」は六年もかけずに「大和」を一気に征圧できたと思うし、何より、吉備の国で船舶を整えるのに三年も使ったという点が理解できない。わざわざ他人の土地である吉備で船舶を整える必然性はないだろう。瀬戸内海は玄界灘と違い、内海であるから、穏やかな海である。自分の領土である北部九州で船舶を整えて、一気に穏やかな瀬戸内海を東進することができる。吉備の国に間借りしなければならない理由はないのである。むしろ「大和」に近い吉備で軍備を整えれば敵に知られやすいし、敵に防御の機会を与えることになる。そんなことをするよりは総てを自分の領土内で完成させ、一気に「大和」を叩くという戦略を取るのが普通ではないだろうか？　攻めるときは迅速を旨とし、守るときは長期戦を狙い、敵が疲弊するのを待つというのは、当たり前のことだろう。この点から北部九州軍が「東征」したとするならば、吉備で三年過ごしたということが、まったく理解できないことになる。

次いで松本清張氏の説で考えてみる。先に部下を派遣して「大和」周辺の部族を痛めつけ、仕上げとして大王がやってきたということである。氏は、先に支店が出て、そこが大きくなったから本店が出た、といった書き方をしているが、それだと一〇年単位の仕事になるだろう。一〇年は、古代の人の寿命を考えれば、世代が入れ替わるぐらいの年数である。世代が変われば、支店長は、先祖代々俺が社長だったといい出すだろう。現代の会社とは違い、株の持ち分による支配関係などない時代である。既得権益を一度手にした者は、よほどのことがない限り手放さないものである。これは古代でも現代でも同じだろう。だから先遣隊が出たとしても「大和」の地の豪族になるぐらいの年数はかけられなかったはずである。時間をかければ、派遣した部下たちは総て土着の豪族としてもとの親分を忘れることだろう。アメリカがイギリスから独立したように、先遣部隊の将軍たちは、みんな独立しようとするだろう。これをさせないためには、短時間で「大和」を征圧しなければならない。この点、日本書紀の記述は妥当性があると思う。

「東征軍」は吉備の国で三年間、戦争の準備をしている。速戦即決のための準備である。このときに松本清張氏がいうように王自らではなく、部下を指揮監督に当たらせた可能性はあるだろう。しかしそれは氏がいうように先に「大和」を征圧して、王を迎え入れたということとはまったく異なる次元の話である。筆者は松本清張氏のいうような状況は起こりえないと思う。一〇年で世代が変わり、また人は一度手にした既得権を容易に手放さない、という人の世の真実からすれば、松本清張氏の仮説は、成り立たないと思うのである。

さて、それならばなぜ吉備の国は戦争に協力したのだろうか？　これについては次の「移動理由の検討」で見ていくことにする。

移動理由の検討

移動を開始した理由を松本清張氏は明示してない。谷川健一氏は、高句麗が三一三年に漢が朝鮮支配のために置いた楽浪・帯方郡を滅亡させたという、朝鮮半島の大激動期の影響を受けて、三一八年に東征を開始した、という。これについて検討してみる。

陸続きであるならば、フン族の大移動のように、玉突き現象のようにして次々と民族が移動を始めることもあるだろう。しかし北部九州には玄界灘という、天然の防壁がある。

船で移動すれば大した距離ではないが、しかし玄界灘は荒海である。地中海のように静かな海ではない。大陸から攻めようとすれば、相当な困難を強いられる海である。

戦国時代と違い、部族共同体で生きていた人々には、天下統一などという発想もなかったであろう。移動の動機は天下大乱などで、そこに居られなくなった場合であろう。もちろん奴隷や一般の人間は、よりよい生活を求めて移動しただろうが、権力者はそこで生活できる限りは動かないものである。だから大陸や半島から攻撃があり、戦ったけれども守り切れなかったのであれば、その土地を離れて自分より弱い者の土地を奪って住み着こうとするだろう。しかるに攻めて来るか来ないか分からない敵におびえて、「大和」の地に「東征」を開始するだろうか？　谷川健一氏の説はこの点が不自然である。谷川健一氏は半島で大激変があり、北部九州の倭人がそれを見て怯えて東進をしたというのである。いま現在領土と領民を持っている支配者がそんな理由で動くだろうか？　しかも後年強大になった大和朝廷が、滅ぼすのに一年もかかるぐらいの軍事力を持っているのに、である。

常識的に考えるなら、後年の大和朝廷が新羅に対抗するために防人《さきもり》で北部九州や対馬を固めたように、楽浪・帯方を滅亡させた高句麗の攻撃を想定して、防御態勢を固めるというのが、普通の反応ではないだろうか？　半島の動乱を対岸の火事としてみていられる北部九州の人間が、危機を感じて「東征」を開始したというのは、説得力に欠けるだろう。

卑弥呼が帯方郡に使いを使わしたのは二三九年である。倭国大乱はこれより前にあった。このときは、おそらく難民が大量に発生しただろうし、そこに住んでいた者たちは戦乱を避ける必然性があった。物部氏が「大和」に入ったのは谷川健一氏も書いているように、このときのことだろう。しかしその後北部九州で大乱があったのかどうかは、中国に史料が残ってないために分からない。

このように考えると、「東征」の必然性は北部九州よりも、戦乱の火種に直接陸続きで接していた朝鮮半島南岸部の国々の方が遥かに高いといえるだろう。

ついで「新唐書」の記録についてである。


「日本は乃ち小国。倭の併わす所と為る。故にその号を冒せりと」

谷川健一氏はこう書かれていることを、当時の遣唐使本人が言っているから「旧唐書」

の「日本が倭を併せた」という記事より信憑性が高いといっている。果たしてそうだろうか？　「新唐書」はこの文章に続けて、以下のように書いている。『倭国伝』（講談社学術文庫／二〇一一年）から引く。

使者は情を以《も》ってせず。故に焉《これ》を疑う。又妄《またみだ》りに、夸《ほこ》りて其《そ》の国都は方数千里にして、南・西は海に尽き、東・北は大山に限られ、其《そ》の外は即《すなわ》ち毛人なりと云う。〔『倭国伝』（講談社学術文庫／二〇一一年）２６６頁。ルビは原著〕

これを現代語にしてみる。

使者は本当のことを言わないので、日本という国号の由来は疑わしい。それにこの使者はいい加減なことを言う。国の都は数千里四方で、南・西は海に達し、東・北は山にまで達し、山の向こうは毛人の住む土地だ、などと言う。

記録した中国人本人が、こいつの言うことは眉唾物だ、と日本人の使者を評価しているのである。氏は、この部分を省略して、当事者が直接言ったことだから、「旧唐書」よりも信頼性が高いといっている。この判断はいかがなものか、と思う。加えて使者の話に続く、自説には不利と思われる部分を隠したことで読者に誤解を与えたり、ミスリードしようとした意図を感じてしまう。その心を探れば、天皇は日本国内から自然発生的に出て来た、という結論ありきで書かれているように感じられる。信じられないことだが、谷川健一氏のように冷静で客観的な論述をしている人が、この一点において冷静さを欠いている。以て他山の石としたい。

東征軍の本拠地

この時代のことを考えるときに注意すべきは、現代の国家や領土の概念を持ち込まないということである。倭は現代の日本国の領土内だけにいたのではない。朝鮮半島の南部と現代の西日本に広く勢力を持っていたのである。そのことについて説明する。

	中国	高句麗	百済	新羅	日本
二六六					女王国の倭王、晋に使者を出す
三一三	高句麗、楽浪郡、帯方郡を滅ぼす				
三四六			近肖古王即位		
三五六				奈勿王即位	
三六五	高句麗燕に敗れ、冊封を受ける				
三六九			近肖古王、倭に七支刀を与える。日本書紀によると倭国は百済の求めに応じて援軍を送り、百済・倭の連合軍は新羅を破った。これにより倭は新羅に奪われていた伽倻の全域を恢復した。		
三七一		百済の近肖古王、高句麗の平壌へ攻め込み、高句麗王を殺す。			
三七二		仏教が伝わる	近肖古王、東晋より鎮東将軍楽浪太守の爵号を得る		
三八四			仏教が伝わる		
三九一		広開土王が海を渡ってきた倭を倒した			
三九三				倭が新羅の城を五日間包囲	

年表二

四〇二				新羅倭国と和を結び、王子を人質に出す	
四一三					倭王讃東晋に貢ぎ物をする
四三八					倭王讃が死に弟の珍が立つ。宋に朝貢して「支持節都督倭、百済、新羅、任那、秦韓、慕韓六国諸軍事安東大将軍倭国王」の任命を求めるが、宋は「安東大将軍倭国王」とした
四四三					倭王済が宋に朝貢し安東大将軍倭国王とされた
四六二					済の世子の興を安東大将軍倭国王とした
四七八					興の弟の武を支持節都督倭、百済、新羅、任那、秦韓、慕韓六国諸軍事安東大将軍倭王とした
四七九				加羅国王荷知が南斉から輔国将軍加羅国王を授けられた	
五一二			百済、任那四県の割譲を求める		
五四〇				新羅が任那を併合する	
五六二				新羅、伽倻を滅ぼす	

図七　弁辰韓地名比定図

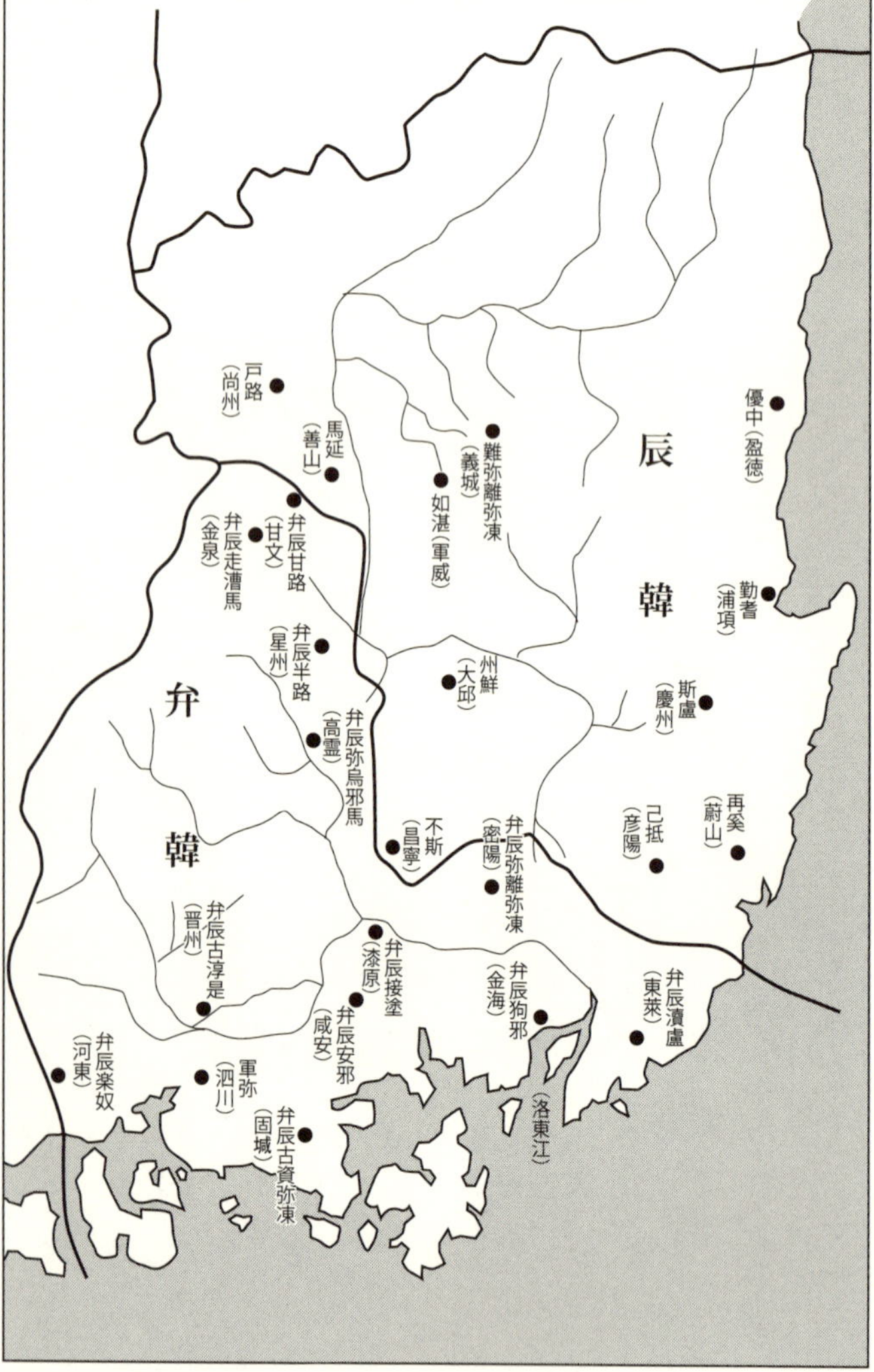
戸路（尚州）
馬延（善山）
難弥離弥凍（義城）
如湛（軍威）
辰
韓
優中（盈徳）
弁辰甘路（甘文）
弁辰走漕馬（金泉）
勤耆（浦項）
弁辰半路（星州）
州鮮（大邱）
斯盧（慶州）
弁
韓
弁辰弥烏邪馬（高霊）
不斯（昌寧）
弁辰弥離弥凍（密陽）
己柢（彦陽）
再奚（蔚山）
弁辰古淳是（晋州）
弁辰接塗（漆原）
弁辰狗邪（金海）
弁辰瀆盧（東萊）
弁辰安邪（咸安）
弁辰楽奴（河東）
軍弥（泗川）
弁辰古資弥凍（固城）
（洛東江）

まずは西暦三〇〇年頃から五〇〇年頃までの主な事件を並べてみよう（年表二参照）。

さて、三九三年　倭が新羅の城を五日間包囲。四〇二年　新羅倭国と和を結び王子を人質に出すという、この記録は朝鮮の正史である「三国史記」に記録されていることである。つまり日本書紀の神功皇后の三韓征伐とは違い、これらは史実の可能性が高い。この前後にも新羅は倭から頻繁に攻められている。実際にそんなことがあったのか？　と疑問に思う向きもあるだろうが、この記録を理解する手がかりは「倭」にある。

魏志韓伝には次の記述がある。

「韓は帯方郡の南にあり、東西は海で限られ、南は倭と境を接して、その広さは縦横四千里ばかりである」

また次のような記述もある。

「弁辰の内の瀆盧《とくろ》国は、倭と境を接している」

瀆盧《とくろ》国というのは釜山の近くの東萊《トンネ》のことである。そこと境を接しているのだから倭人は朝鮮半島の南岸部にいたことになる。「倭」を現在の日本とのみ考えていたら、この部分は理解不能になってしまう。

この点については、陸地で接するとは限らないという考えが多数説である。しかし魏志韓伝の記録は「弁辰の内の瀆盧《とくろ》国は、倭と境を接している」となっている。瀆盧《とくろ》国すなわち東莱《トンネ》の東と南側は海である。海を介して倭と接しているのならば、瀆盧《とくろ》国以外の国も倭と接している、としなければおかしい。辰韓の東海岸は出雲と向かい合っているからである。

出雲の国に伝わる神話の一つである、出雲国風土記の最初の部分には、国引き神話が書かれている。それによると出雲国は最初細長かったので、新羅、壱岐、隠岐などの土地を綱で引き寄せて、島根半島を作った、ということである。こういう神話があるぐらいだから、後に新羅となる辰韓は、海を隔てて倭と接しているのは当時の人にとっては常識だっただろう。こうした状況で、ことさらに瀆盧《とくろ》国についてのみ、倭と接していると書いているのを、海を隔てて接していると解釈するのは、不自然である。瀆盧《とくろ》国の東と南以外は陸地であることから、「倭と境を接している」という記述は、「陸続きで」、瀆盧《とくろ》国が倭と接していると解釈するのが妥当だろう。

朝鮮半島の倭人は日本の弥生人となった人々である。弥生人は、扶余人と混血をしても文化的には扶余人化せず、稲作を行い、断髪文身する倭人文化を持ったまま「日本」に避難したと考えられる。筆者は日本の倭人は戦乱の度に戦火を逃れて朝鮮から「日本」に避難した戦争難民だったと思っている。

倭人は扶余人と混血しても、扶余語を話していたのではなく、倭語を話していた。勿論扶余文化に属する混血もいただろう。そのような扶余文化に属する者は略奪する者たちに含まれた。倭人文化に属した者は略奪されて「日本」に逃れた。この結果「日本」では倭語が使われ、それが現代の日本語に続いているのである。朝鮮では倭語が失われ。扶余語だけが残った。

倭語は倭人が住んでいた地域で用いられた言語である。後の馬韓、弁韓、辰韓となる地域では、倭語が共通言語だっただろう。百済ができた頃は、朝鮮南部の広い地域で倭語が使われていたに違いない。しかし倭人は追い立てられていく。高句麗が、帯方・楽浪郡を滅ぼした三一三年の頃には、倭人だけの居住区は朝鮮半島南岸地帯に狭まっていただろう。しかし馬韓、弁韓、辰韓ではまだ倭語が使われていた。この地域はバイリンガル地帯だったのである。

朝鮮半島南岸部の倭人は最後まで倭語を話していたが、任那日本府が滅亡してからは、扶余語だけを話すようになる。そして百済が滅亡してからは、馬韓地域からも倭語は消滅する。こうして朝鮮半島全域で倭語は消滅した。

一方、日本列島の倭人はそのまま文化を維持した。この判断根拠は古代に日本で話されていた言葉が扶余語だとすると、いつどんな理由で扶余語が消滅して、突如として日本語が現れてきたかを説明できないからである。日本ではむかしから日本語が話されていたと考える方が無理がない。また、日本の神話が檀君神話のような一神教で語られない点も根拠になる。扶余文化に支配されていたら、日本の神話も一神教神話になっていただろう。こうしたことは日本文化を扶余文化の発展形だとすると説明ができない。日本文化の根底にあるのは倭人文化である。そこに扶余の「文明」が乗っかったのである。二つの文化は異なる文化系統である。

さて、それでは魏志韓伝に記録されている朝鮮半島南部の「倭」のその後を見てみよう。百済南部の倭人は百済に吸収されるが、弁韓地方の倭人は後に加羅《カラ》と五伽倻《カヤ》と呼ばれる六つの国に集約されるようになる。中心的だったのは首露《スロ》が治めた加羅《カラ》で、これ以外に阿《ア》羅《ラ》、伽倻《カヤ》と名のつく国ができた。呼び方がいろいろあるが、ここでは伽倻《カヤ》諸国と呼ぶことにする。

さて、伽倻諸国は大量の難民を食わせるだけの食料生産能力はなかったが、鉄によって食料を輸入する能力はあった。それで難民を兵士に作り替え、当時まだそれほど強くなかった新羅に攻め込んだのである。

ならば新羅はなぜ彼らを伽倻と書かずに「倭」と書いたのだろうか。これは一つには差別語として用いた可能性がある。「倭」の奴らが攻め込んできたと、当時の人間はいっていたのだろう。また「伽倻」「阿羅」「加羅」というのは、いずれも当時は「普通名詞」として使われていた。固有名詞として用いられるのはあとの時代のことである。「伽倻」は「私の国」という意味であり、「阿羅」は「水辺の国」という意味であり「加羅」は「俺たちの国」という意味である。根拠はあとで示すが、いずれも普通名詞である。だから新羅人は「倭」とのみ認識し、彼ら自身が「俺たちの国」などと呼ぶのを無視して「倭」と呼び続けたのであろう。

これは周が商に対して「殷の奴らめ」といっていたのと同様であり、また現代の日本人の一部が「韓国人」に対して「チョウセン人め」というのと同様のことである。三国史記のこの時期に出てくる「倭」とは「伽倻」のことである。

なお「倭」という言葉も最初は普通名詞である。それは「背の低い人々」を意味していたに過ぎない。それが時と共に、そういう人たちが住んでいる地域や国を指すようになった。「伽倻」「阿羅」「加羅」も、四世紀の前半では普通名詞として使われていた言葉である。同じく、「やまと」もまた最初は普通名詞であった。「やまと」の語義については後で述べる。

「倭」はもとは背が低い人であった。しかし弥生人は縄文人よりも背が高い。これは稲作文化を持った倭人が朝鮮半島で扶余人と混血して背が高くなり、それから日本に避難して来て弥生人となった、と解釈しなければ説明ができない。倭人は地理的な関係から山東半島から対岸の朝鮮に来た人たちだろう。ただし主体が呉、越、の人たちだったかどうかは不明である。彼らが母音止まりの言語を話していたかどうかが明らかになるまでは、断定的なことはいえないと思う。

さて、それでは朝鮮半島南部の「倭」とはどんなところだったのだろうか。

谷川健一氏は崇神天皇の和名である御間城（みまき）入彦（いりひこ）のミマを北九州の水沼としているが、伽倻諸国もまた、水が多い地方である。この地域は洛東江の流域であり、水は北九州よりも豊富である。井上秀雄氏の『古代朝鮮』（講談社学芸文庫／二〇〇九年）から引く。

中央を流れる洛東江は海抜がきわめて低く、その傾斜度は日本で比較的ゆるやかな淀川《よどがわ》と比べても比較にならないほど緩やかである。

淀川は河口から約七五キロで海抜八五メートルの琵琶湖に達する。淀川の傾斜度は一キロあたり一・一三メートルである。これに対し洛東江は河口から約一二〇キロの咸安邑《ハマン》で海抜八メートルである。また三〇〇キロ上流の安東市《アンドン》で、洛東江の水位は海抜八〇メートルである。咸安邑までの洛東江の傾斜度は一キロあたりわずか六・七センチで、淀川のそれに比べ実に十七分の一である。また安東市までの洛東江でもその傾斜度は一キロあたり二六・七センチで、淀川の傾斜度の四分の一である。

この傾斜度のゆるさは流域の排水を遅らせることになり、その河岸の沖積平野が近代まで農耕として利用できなかった理由でもある。弁韓・辰韓の小国はかなり上流まで洛東江を避け、その水位より一〇メートル以上も高いところに位置している。

次にこの地方の今ひとつの地理的な特色には、盆地や谷あいが多いことである。

類型的にいえば現代の郡、おそらく辰韓・弁韓の一小国は三〇〇〜七〇〇メートル程度の山に囲まれ、その中を五〇メートル前後の丘陵が、各面（郡の下の行政区画。日本の村にあたる）を分断している。各面は二、三の谷あいをもち、その谷あいが農地になっていた。おそらくこの谷あいで水利権を巡って最初の団結—しいていえば集落国家—ができ、面程度の地域が集落連合国家の領域になったのである。［『古代朝鮮』（講談社学芸文庫／二〇〇九年）65〜66頁。ルビは原著］

このような小国家が乱立していたのが魏志韓伝に書かれた時代の話であり、その後この地域は六カ国に集約されていく。

まず加羅という国についてである。この国の名は、国語学者である大野晋氏が『日本語の起源』（岩波新書／一九七九年）で書いているように、満州語の「ハラ、カラ」と起源を同じくする言葉で、同族という意味であろう。つまり加羅とは「同族でつくった国」ということである。日本語でも「はらから」は同族とか同胞という意味である。なお「羅」の文字は「国」を意味する文字としても用いる。

伽倻については、倻というのが国を表す意味で使われたということは分かっている。ならば伽倻の伽とはどういう意味であろうか？

ここで魏志韓伝に出てくる次の記述が参考になる。

（辰韓の人々は）楽浪郡の人のことを阿残《あざん》と呼ぶ。東方の人々は自分のことを阿と呼ぶが、楽浪の人はもともと自分たちの残りだから、「阿残」と呼ぶのだという。

つまり当時の辰韓の人は自分のことを「あ」といっていたということである。これは日本の古語「あ」と同じ使い方である。現代朝鮮語では「私」を「な」という。古語である「あ」が変化したものだろう。伽倻の伽は「あ」が変化したものではないだろうか？　そうであるならば、伽倻とは「私の国」という意味になり、加羅と類似の意味になる。

最後に残るのが阿羅である。これはどういう意味であろうか？　朝鮮語の古語では水のことを「アリ」という。モンゴル語にも同じ言葉があり、こちらの方はその意味するところは、「きれい」とか「神々しい」とかという意味である。朝鮮語では転じて「水」の意味でも用いられたのだろう。ソウルを流れる漢江は朝鮮の固有語では「アリス」という。「ス」は漢字の「水《ス》」であろう。だから「アリ水《ス》」とは「きれいな水」とか「きれいな流れ」という意味になる。この「アリ」という言葉が民謡の「アリラン」に関係があるという説があるのだが、それはここでは本筋ではないので割愛する。

さて、ここまで書けば察しがつくと思うが、阿羅というのは朝鮮語の水の古語である、「アリ」と、国を意味する「羅《ラ》」が合体したものだろう。つまり阿羅のもとは「アリ《水辺》の羅《くに》」という意味の「アリ　ラ」であり、「リ」が省略発音されて「アラ」となった。

ところで伽倻についていては「ウガヤ」と「アラ伽倻」という呼び名がある。ここでの「ウッ」は朝鮮語で「上の」という意味がある。「アラ伽倻」の「アラ」は現代朝鮮語でいうと「アレ」で「下の」という意味である。「伽倻」国に、上の伽倻と下の伽倻があったわけである。「阿羅」は「アレ伽倻」「アラ伽倻」を省略して「阿羅《アラ》」とした可能性もあるだろう。

さて、首露《スロ》が中心になってつくられた六伽倻は水が豊富でまた、鉄が豊富な土地だった。魏志韓伝には次のように書かれている。

> この国（弁辰のこと）は鉄を産し、韓、濊、倭はそれぞれここから鉄を手に入れている。物の交易にはすべて鉄を用いて、ちょうど中国で銭を用いるようであり、またその鉄を楽浪と帯方の二郡にも供給している。

おそらく不足する食糧を買い求めるのに鉄が大いに役立ったことだろう。

なお、首露《スロ》というのは、現代韓国語による発音である。筆者はこれは訓読みをすべきものだろうと推測している。首露《スロ》の「首《ス》」はおそらく上とか高い、という意味の「ウッ」や「ソッ」と発音したであろう。「ウッ」は「ウガヤ」の「ウッ」である。「ソッ」は徐那伐《ソナボル》の「ソッ」である。「露《ロ》」の訓読みは分からない。人の名前だから、「おとこ」とか「ひと」という意味の古代語だったかもしれない。あるいは露という文字の意味からすれば、水の意味である「アリ」と発音していた可能性もある。高いところにある水は低いところに流れる。そのように周囲に恩恵を施した人、と呼ばれていたならば「ウッ、アリ」になる。「首露《スロ》」はそう発音されていたのかも知れない。

生き残りをかけて移動

三一三年に楽浪・帯方の滅亡という大乱が勃発する。伽倻諸国は戦乱の土地とは地続きの国である。その危機感や緊張感は玄界灘を隔てた北部九州の倭人とは比ぶべくも無いだろう。

大乱により、相当数の戦争難民が発生したはずである。彼らは地理的に逃げやすい百済に逃げ、それから伽倻、新羅の土地に逃れただろう。山を越えて新羅に逃げた人は、比率としてはそれほど高くなかっただろうと推測する。難民の発生は人口増加をもたらす。その者たちを養っていられる限りは、それは兵力の増大につながる。難民の流入はマイナス面ばかりではないのである。

次いで三四六年に百済で近肖古王《クンチョゴ》が即位し、三五六年には新羅で奈勿王《ネムル》が即位している。本格的な百済と新羅の歴史の始まりである。両国ともこれ以前から軍事活動を活発に行っている。伽倻地方は両国の間に挟まって、相当な脅威を感じていたはずである。加えて北方には楽浪・帯方を倒した高句麗が居る。その危機感は切実なものがあり、新天地を求めるだけの理由が生じた。筆者は三一三年の帯方・楽浪郡の滅亡から、三四六年の百済の近肖古王即位までの間に、任那から「東征軍」が「大和」侵略に向かったと推測する。根拠の一つは「東征軍」が吉備の国で三年間戦争の準備をしていたという日本書紀の記述である。[『全現代語訳日本書紀　上』（講談社学術文庫／二〇〇七年）92頁]

なぜそうしたか、ということを考えると「東征軍」は弱かったから、と考えるしかないだろう。もし強大であったのなら、距離的に近く銅の産出が豊富な北部九州をおそっただろう。あるいは鉄の豊かな出雲を侵しても良かったはずである。なぜこの二地点を選ばなかったかというと、攻略する自信がなかったからである。戦をする限りは、勝たなければ意味が無い。その当時、任那の軍隊はこの二地域に対抗するだけの軍事力を持ってなかったのである。それで一番弱い、アイヌ人が主体の「大和」を狙った、と筆者は考える。

任那を出た当時の軍隊は弱小だった。そのため途中で船を作り、武具を用意する時間と場所が必要だった。当時、「大和」との鉄の交易を通じて、長髄彦《ながすねひこ》を中心とした畿内の軍事力はある程度把握できていたはずである。そのまま行っても勝てないと判断したから、三年間の軍事力強化期間が必要だったのである。

それではなぜ吉備の国は「東征軍」の駐屯と軍備強化に協力したのだろうか。これについては、後年、新羅が唐に「新羅坊」という貿易のための居留地を築いていたのが参考になる。おそらくこれと類似のものが吉備の国にあったのだろう。「新羅坊」は貿易の中継基地として新羅人が数多く移民をしていた場所である。唐の中にありながらある程度の自治も認められていた。

吉備の国の場合、そこで軍備を整えたわけだから、単なる貿易中継基地ではなく「新羅坊」よりも格段に自由度が高い、殆どコロニーのような場所となっていたのではないかと推測する。仮にその土地の権力者がいたとしても、彼らは積極的に協力をしただろう。それは、協力に見合う見返りを与えることが可能だったからである。それは鉄である。

伽耶地方は鉄をお金の代わりに用いるぐらい鉄が豊富な地域である。「日本国内の」倭国の各地にも多くのお得意様が居たはずである。交易を通じて各地の首長の人となりや、価値観は当然に把握していたに違いない。そんな中で吉備の国が協力の可能性が高く「大和」の地からも適度に離れていて都合が良かったのであろう。任那は事前に吉備の国に大量の鉄を賄《まいない》して、駐留させてもらうようにしていたか、あるいは武力で支配していたと考えるのだが、どうだろうか？　ここから先は日本書紀に書かれているような展開で「東征軍」は「大和」を征圧したのである。

日向《ひゅうが》も吉備と同様に、交易で交流のあった土地だったと考える。日向《ひゅうが》は宮崎県の昔の呼び方である。谷川健一氏は、「東征軍」が日向《ひゅうが》に集結し、そこから日の本の草香の地を目指したから、日向《ひゅうが》という地名になったのだ、という見解である。

しかし、任那を出た「東征軍」の本体が一度ここで集結し、それから吉備を経て「日の下」に向かっても、「日向《ひゅうが》」と名付けたことと矛盾はしないだろう。あるいは第一次の「東征」をした物部氏が出発のときに、日いづる土地をにらんで「日向」といった可能性も残る。いずれにせよ北部九州の倭人だけが日向を「日向」と呼びえた、ということはないだろう。

以上、谷川健一氏がいうように、「ミマキ」の「ミマ」が水の間を意味し、倭が日本を併せた、という記述通りだったとしても、倭人は「日本国内」だけに居たのではなく、朝鮮半島の南部にも存在していたということと、任那地方が水の間の地域だった、ということ、さらには氏が根拠としている、楽浪・帯方の滅亡という国際情勢に敏感に反応して倭人が「東征」する切実さは、戦乱の地と陸続きの任那の倭人の方が遙かに高かった、ということ。このようなことから「東征軍」は北部九州の倭人ではなく、朝鮮南部の倭人と判断するのが妥当であろう。

もっとも筆者は、「ミマキ」の意味は、先に述べた「高句麗」や後で述べる「ヤマト」と同じ理由で、「水の間」という意味ではないだろうと思っている。天皇家が自身の出身地を意味する土地に対し、そんないい加減な名前の付け方をするだろうか? 筆者はもっと重要な意味があると考えている。この点についてはあとの「任那」で詳しく述べる。

さて、旧唐書《くとうじょ》と新唐書《しんとうじょ》の記述に対する筆者の判断は、どちらも正しい、というものである。旧唐書は任那日本府と呼ばれた「日本」が、「日本国内の」倭国を併せた、ということをいっており、新唐書の記述は、朝鮮半島の倭人が、先に「やまと」に入っていた、「日の下」を名乗る物部氏が居る土地を併せた、という事実をいっていると判断する。倭人が

「日本国内」だけに居たのではない、ということが分かれば、両書の記述は矛盾しないと

いうことに、気がつくと思う。

「東征軍」が北九州から出たとすれば（谷川健一氏の説）、旧唐書は間違っていることに

なる。また「東征軍」が半島から出た「夫余」人の軍隊だとするなら（江上波夫氏、松本

清張氏の説）新唐書は間違っていることになる。

しかし筆者が考えるように、「東征軍」が「朝鮮半島の倭人の軍隊」であるならば、旧

唐書も新唐書もどちらも正しいということになる。それゆえに筆者は自身の推論の方が妥

当性が高いと思うのである。

倭人は常に扶余族などの騎馬民族から侵略されて文化的に多くの影響を受けていた。扶

余族は「チョッ　セン」の地を求めるという「宗教」を有していた。それを漢字語に飜訳

すると「日本《にっぽん》」になり、倭語にすると「日《ひ》の下《もと》」になる。太陽信仰は扶余族だけのもので

はない。世界中の民族が太陽をあがめている。インカやアステカもそうだし、フランスの

ルイ十四世は太陽王と呼ばれていた。倭人は稲作の民であり、当然に太陽の恵みを切実に

感じている人たちである。だから扶余族の「チョッ　セン」信仰を当然のこととして受け

入れただろう。彼らの影響を受けた倭人たちは「日の下《ひもと》」の地を目指すようになる。自分たちが今いるところよりも東の地は総て「日の下《ひもと》」の地である。だから百済が日本と呼んだ者たちが、東進して倭国を併せたこと（旧唐書の記録）と、「朝鮮半島」に居た倭人が東進して「やまと」の日本を併せたこと（新唐書の記録）は同じ事をいっており、矛盾しないと筆者は判断するのである。

大和朝廷は、扶余族の血統を引く倭人文化に属する朝鮮半島の王が、「やまと」先住の倭人とアイヌ人の土地を侵略して打ち立てたものである。この王は血筋は扶余人だが、文化的には倭語を話す倭人文化の人間だった。

王の血筋は扶余人と判断した根拠は「後漢書東夷伝」にある。そこの韓の条には次のような記録がある。参考にしたのは『後漢書第十冊』（岩波書店／二〇〇五年）である。現代語訳とルビかっこ書きは筆者による。

韓には三種類ある。馬韓、辰韓、それに弁辰である。馬韓は西にあって五十余国である。その北は楽浪と、南は倭とに接している。辰韓は東にあって、十二国である。北は濊貊《わいはく》と接している。弁辰は辰韓の南にあって、これも十二国である。ここの南も倭と接している。倭はおよそ七十八国である。伯済というのはその中の一国である。国は大きいもので一万余戸、小さいものは数千家でみな山海の間にある。面積は全体で四千余里四方ぐらいに成る。東と西は海で行き止まる。そこ（馬韓、辰韓、弁辰）はかつての辰国である。馬韓は最も大きく、同族のものを辰王としている。目支国《もくしこく》を都とし、三韓の王として振る舞っている。諸国の王は総て馬韓種族の人間である。〔『後漢書第十冊』（岩波書店／二〇〇五年）26〜27頁〕

伽倻国は弁韓から起こっている。よってこの記録の通りなら、「諸国の王は総て馬韓種族の人間である」というのだから首露は馬韓種族の人間、ということになる。首露《スロ》というのは、弁辰の六伽倻と呼ばれる国の中で、唯一名前が知られている王である。「馬韓種族」の王について検討してみる。

紀元前一九五年頃、朝鮮王の準が衛満に破れて海から馬韓を攻めて韓王になっている。このことから「馬韓種族」というのは朝鮮王準の子孫の可能性がある。朝鮮王準は漢書によれば箕子の子孫である。しかし王系は絶えたとあることから、彼の子孫が「諸国の王」になった可能性は低い。準の子孫が「諸国の王」になっていれば王系が絶えたとは書かないだろうからである。この部分、のちの魏志韓伝にも同じ事が書かれているので、準の王系は馬韓につながってないとみるべきだろう。

一方、百済は三国史記に書かれた年代をそのまま信じるなら紀元前一八年に成立している。これは朝鮮王準の時より一八〇年ほど後のことである。もう時代は完全に変わっている。この段階で「馬韓種族」の王は準の子孫である可能性は無いと判断する。百済が出てくると「馬韓種族」の王というのは、百済の王族である可能性がでる。根拠は鉄である。半島南部は鉄の産地である。鉄の技術は扶余人が持っていた。それは多大な利権であり、最高機密であったことだろう。王となるものはその知識と技術を支配していたものでなければならない。それができたものは扶余の血統を引いているものである。歴史書に記述された者の中から推論すると、百済の王族の可能性が最も高いと判断する。以上より、首露が百済の子孫であるとすると、扶余の血統を引いていることになり、朱蒙の子孫だといえるだろう。朱蒙は扶余の王解慕漱《ヘモス》の子供である。筆者のこのような推測が正しいなら、天皇家は紀元前五〇〇年頃に建国された「扶余」の血筋を未だに伝えている、ということになるだろう。

再論になるが、中国東北部から朝鮮半島地域の歴史をまとめてみよう。この地域には先住民族としてゴリド族やアイヌ人がいた。そこへ「チョッ　セン」の地を求めて東進してきた騎馬民族が入り込んできて、混血をする。初期の段階が「粛慎」と呼ばれていた時代である。紀元前二〇〇〇年頃から、紀元前一〇〇〇年頃の話である。その後中国大陸を北上して揚子江流域の倭人も避難して来た。殷王朝最後の王の叔父である箕子がやって来たのは、紀元前一〇〇〇年頃のことである。箕子は中国の文物を大量に持ってきた。やがて騎馬民族の比率が高い、中国に近い地域のものが、中国の高度な文明の影響を受けて、国を作る。これが「扶余」である。東北の「粛慎」では先住民族が勢いを盛り返して、強くなる。これが「挹婁《ゆうろう》」だろう。「挹婁」はゴリド語やアイヌ語を話していたはずだから、「扶余族」とは言葉が異なる。騎馬民族と混血はしていても、アイヌ文化は維持されていた。これがおよそ紀元前五〇〇年頃のことである。「扶余」は中国に近かったからその影響を受けて高度に発達する。そして少し東に移動したものが「東扶余」を建て、南下したものが「高句麗」を建てる。海岸部は沃沮《よくそ》、高句麗の南が濊《わい》、貊《はく》である。これらはいずれも言葉が通じていた。

さて、操船に長けていた倭人は紀元前五世紀から三世紀頃、中国の山東半島から船で朝鮮半島にやってきた。彼らは稲作に適した南部に定住し、大陸から南下してきた扶余人と混血する。そして背が高くなった倭人が、日本列島に戦乱を避けて避難する。倭人は遺伝的には扶余人の特性を示すが、文化的には倭語を話す倭人文化を維持していた。「日本列島」に戦乱を避けた倭人は、西日本と九州に多く住んでいた。「大和」ではアイヌ人と倭人が共生していた。「大和」より東はアイヌ人の土地である。

大陸の騎馬民族はさらに東進を続ける。挹婁はやがて数の多い騎馬民族に飲み込まれて靺鞨《まっかつ》になる。靺鞨は後年女真となり、満州となり、清帝国を築く。東扶余や高句麗に押されて南下した貊《はく》族の一部は倭人の集落を目指し、伯済を建てる。伯のもとは貊だろう。その後、高句麗の王族が南下して馬韓を征圧する。国名は伯済の伯を百（呉音では、はく）に変えて、百済とした。高句麗は「扶余」「沃沮」「濊・貊」の地を併せる。これが紀元○年から二〇〇年頃のことである。

倭人は朝鮮半島の南部に追い詰められていく。「百済」の製鉄技術を持った者が「伽倻」で鉄を発見し、倭人と共に製鉄をして豊かになる。これが「六伽倻」である。王族は馬韓の出身で、扶余の血を引く者であった。いずれも遺伝的には扶余だが、文化的には倭語を話す倭人文化に属していた。

新羅は周囲が山と海に囲まれていたという地形的特徴から、かなり遅くまでアイヌ人が主体の地域だったと思う。南部は倭人がやってきて稲作をしていたが、アイヌ人もまだ影響力を持っていただろう。紀元後四〇〇年頃までの新羅は、北部はアイヌ語、南部は扶余語と倭語が使われていたと推測する。倭語は劣勢で扶余語に呑み込まれる。

三一三年高句麗が楽浪郡、帯方郡を滅ぼした。四〇〇年間勝てなかった中国に勝ったのである。その勢いと残虐さは中国人をしのいだことだろう。大量の難民と高句麗の強大さに怯えた伽倻は、自分たちなどひとたまりも無いと、考えた。そこで日本列島の中でもっとも弱そうな「大和」に「東征」することを決意する。攻略に成功した大和朝廷は急速に成長し、三九一年には、広開土王に敗れるものの、もと居た伽倻地域に大船団を送れるほどの強国になっていた。

五六二年に伽倻が滅亡する。こののち、朝鮮半島で倭語は急速に使われなくなり、扶余語が倭人の母語となっていく。しかし百済の南部ではまだ倭語が使われていた。伽倻では、僅かながら倭語が残っていた。

六六〇年百済が滅亡し、倭人の言葉は、扶余語だけになっていく。現代と違い、その人の母語が何語かで、その人のアイデンティティーが決まった時代である。血統的には倭人ではあっても、扶余語を母語とするものは扶余人である。朝鮮半島に残った倭人は、全員が扶余人になった。こうして朝鮮半島からは倭語、アイヌ語、その他の民族の言語は消えた。

余談ながら、朝鮮では出身地域での差別が目立つ。慶尚道の人間は全羅道の人間を一段低く見る。これはかつての扶余人が倭人をバカにしていた事から始まっているのではないだろうか？　全羅道はかつての百済であり、倭人が主体の国であった。慶尚道はかつての新羅であり、「三国」を統一したという自負から、戦争に負けた倭人を見下したのだろう。元を正せば朝鮮人はアイヌ人、扶余人、倭人の混血民族である。そろそろ出身地域による偏見は捨てるべき時だろう。

○△□

○△□はおでんのマークではない。これは禅僧が悟りの境地を示すものとして掛け軸に書いたりするものである。筆者が思うに、○は天を表している。△は人であり、□は大地である。○が天のシンボルであるのは、多くの民族で共通している。理科の教科書には夏至と冬至の太陽の高さを示すのに、半円の天を描き、太陽の角度の違いを示す。天とは見上げていると丸く見えるものであり、それ故高句麗の辺りに居た倭人は、人は大きな丸い卵の中に居ると考えた。卵生神話はこうしたことから生まれた。空は大きな卵に見える。大きな卵は現代朝鮮語では「ハン＝大きな」「アル＝たまご」という。「ハンアル」は現代語でも意味がそのまま通じることから、古代の扶余語でも発音は同じか大して変わってないものと推測する。「ハンアル」は子音がリエゾンして「ハナル」と発音する。これが現代朝鮮語で「空」を意味する「ハヌル」の語源だといわれている。結果から見てこの言葉は、卵生神話を持つ倭人の影響を受けた、扶余語を話す者が作った言葉である。

新羅の始祖は卵から生まれる。筆者の推測では新羅の初期ではアイヌ人がメインで、そこへ呉や越の倭人が入り込み、北からは扶余人がやって来た。新羅は最終的には扶余人の国になる。個々人は血統的にはそれぞれの特徴を残すが、言葉は扶余語になり、文化は扶余の文化で統一される。時代が下り、先祖の記録は扶余文化のもとで作られた。その結果卵生神話が採用されたのであろう。そう考えないと、新羅という、「日本」と同じ倭人が住んでいた地域で卵生神話があることを説明できない。「日本」の倭人は卵生神話を持たないからである。卵生神話の採用は北方系の倭人の影響を意味している。南方系の倭人の影響が無くなり、扶余の文化としてそれが根付いたから歴史書に記録として残されたのであろう。かくして半島南部に倭人が住んでいたという事実は、韓国では軽視されるようになった。

さて、大地は四角い。人間の目線から見れば、土地は四角く見える。だから古代の人は海の果ては地獄に落ちる滝になっていると考えた。前方後円墳というのは、これではないかと思う。

前が□で後ろが○という形は、大地を先とし、天を後としている。普通は天地というように、天が先である。これの倣いでいけば本来前方後円墳は、前円後方墳でなければならないはずである。前方後円墳という名前は江戸時代の国学者である蒲生君平が使い始めた言葉で、なぜそういい始めたのかは、よく分からない。墓そのものについては、円墳と方墳が合体したとする説や、主墳と陪塚《ばいづか》が合体したとする説、また後円部が埋葬、前方部が死者をまつる祭壇という説などがある。ただし中央部の「作り出し」というテラス状の所から壺や土器が発掘されていることから、作り出しで祭りをしたものと推測されている。なお、主墳というのは、遺体を埋葬している部分で、陪塚というのは、主墳に付随する小型の古墳で、副葬品を埋葬したと考えられている。

こうしたことから、筆者は前方後円墳は支配民族が被支配民族を懐柔するために作った施設だろうと推測する。加えて支配民族と被支配民族は同系列の民族だったから、相手の神をなだめる、ということをしたと考える。完全な異民族なら、破壊してその国の女に自分たちの子供を産ませれば終わりである。そうしないで一手間を加えたというのは、支配民族が完全な異民族ではなかった、ということを示していると推測する。

前方後円墳は先に、先住の倭人の神である土地の神をまつり、それから大和朝廷を作った天孫族が、自分たちの神である天の神をまつったのであろう。大規模な土木工事をして、被支配民族の度肝を抜き、従属するように精神的な圧力を加えるために作ったものだろう。それゆえ、亡くなった天孫族は天を象徴する円形部分に埋葬された。方形部分には埋葬されてない。七世紀になって前方後円墳が作られなくなるのは、民族宥和政策が完了し、その必要性が無くなったからである。先住の倭人は、あとから来た倭人に支配された。あとから来た倭人は扶余系の影響を多大に受けていたが、言葉は倭語だった。科学文明は扶余、文化は倭という人たちだったのである。そのため土地神様を無視せずに、まずはなだめ、それから自分たちの神をまつって二つの新旧の同族の融和を図ったのであろう。

戦争や支配は総てコスト計算で決まる。費用対効果で安くつく方を選ぶのはいつの世にも通じる真実だろう。天孫族は一番安く、かつ効果的に支配できる方法として、前方後円墳を企画、立案、実行したのだと思う。出雲の国譲り伝説は、まさしくこうした政策の成果だろう。戦わずして勝ったからである。

前方後円墳には、もう一つの可能性がある。新羅の始祖は光る卵から生まれた。扶余語では明るいを「パルグン」という。これは連体形である。終止形は「パクタ」という。これの語幹「パク」は扶余語の固有語である「パク＝ふくべ」と発音が同じである。つまり「明るい（卵）」と「ふくべ」「ひょうたん」が同じ発音なので、扶余人は卵生神話を語る時に「ふくべ」を連想する。

前方後円墳はふくべの形をしている。これは、扶余語も話せる倭人のバイリンガルたちが、死んだら光る卵の中に戻りたい、という希望を込めてデザインしたのではないだろうか。死んだら母の胎内に戻り、再生したいという希望が、前方後円墳の形を採用するに至った一因のような気がするのである。そして「日本」で扶余語が失われるに及んで、ふくべ型の墓は姿を消した。時は仏教の隆盛とも重なってくる。

大和

奈良は朝鮮語ナラ（国）が語源であることは一般に知られている。大和という言葉も朝鮮語が語源の可能性が高いと筆者は思っている。「ヤマト」の漢字表記はもともとは「倭国」であり、それを中国に対して自身を過大に見せるために「大倭（だいわ）」とした。のちに「倭」よりは意味合いの良い「和」を用いて「大和（だいわ）」と表記するようになった。これは歴史的な流れからいってすんなりと頷けるのだが、しかし「大和（だいわ）」に対してなぜ「ヤマト」という音を当てたのかが疑問である。「ヤマト」というのはどういう意味なのだろうか？　小学館の『日本語源大辞典』（二〇〇九年）によると「ヤマト」の「ト」は日本語の古語で「場所」の意味だとある。ところで現代朝鮮語でも「ト」は「場所」の意味である。このことから朝鮮語は古代と現代で音が変化しなかったと推測できる。「ヤマト」の「ヤマ」は「山」としている。つまり「ヤマト」は「山のある場所」という意味である。

また古代史家である井上秀雄氏は『古代朝鮮』（講談社学芸文庫／二〇〇九年）の、新羅が国名を用いだした頃の解説で次のように述べている。

国号がいるのは対中国外交ないしはこれに関連した外交の分野に限られていた。国内ではここに見える斯羅・斯露・新羅より、金氏王党の始祖閼智《あっち》が降臨した聖地鶏林《けいりん》の名が一般に国名として用いられていた。新羅の国号は本来、中国外交のための国号である。このことは倭や日本の国号も同様で、国内の村々では神の降臨した聖地に神社をたて、それが山の入口、山戸（ヤマト）であることから大和（ヤマト）を国号としている。同様な例は朝鮮南部の任那にもみられる。始祖の王妃の渡来地である主浦（ニムナ）が国内に於ける国号で、対外的には金官加羅国の国号が使われている。〔『古代朝鮮』（講談社学芸文庫、二〇〇九年）155〜156頁。ルビは原著〕

国号は他国を意識したときに必要になる、というのは異論が無い。鶏林《けいりん》についてであるが、北方の騎馬民族にとって鳥というのは、天と地上とをつなぐ魂の使者である。その鳥が居る林、というのは、聖地を意味する。これは「チョッ　セン」と同じ発想である。「チョッセン」は神のお膝元の国というのがその真意である。誇り高い国名であると思う。これに対して「ヤマト」は山の入口である山戸だという。あまりにもみすぼらしいではないか。山そのものはご神体にも成るから、聖地になるかも知れないが、山の入口では意味不明である。

「ヤマト」は苦労して建てた政権の名前である。山のある場所、とか、山の入口、などという、そんなどうでもいい言葉を自分たちの権力や権威に対してつけるだろうか？　人間の心理からして自分たちの大切な場所に、そんないい加減な名前をつけるとは考えられない。「ヤマ」を「山」とするのは後付け的な付会《ふかい》である。「山」では意味不明である。なぜ「山」にしなければならなかったのかが分からない。日本に山があるのは普通で、日本全国どこにでも山はあるからである。

さて那、羅、耶は国の意味で用いられた漢字である。「ヤマト」の「ヤ」は「耶」であり「国」ということではないだろうか？　もしそうであるならば、ここまでで「ヤマト」というのは「国の『マ』である場所」という意味だと知れる。ならば「マ」はどういう意味だろうか？

思うにこれは「任那《みまな》」の「ま」と同じで、「本当の」、「完全な」、という意味だろう。ただし「ま」という言葉は片《かた》に対する言葉として使われたものであるから、中心という意味で使われたと判断する。この点は宇治谷孟氏が『全現代語訳日本書紀　上・下』（講談社学術文庫／二〇〇七年）の前文で書いている。以下に引用する。

近頃は韓国生まれの人の、日本古代史研究者も少なくない。古代朝鮮語で読むと、従来、日本人の思いもかけなかった、奇抜な理解のあることを知らされた。

万葉仮名の漢字使用に、甲類・乙類という二種類の区別があり、その解明が困難であったところ、当時記録に関わった人たちの、出身地の方言の相違——百済系・新羅系の二系統があることに因《よ》るものかという、指摘がされている。

「日本書紀」には謎が多い。記録の編纂に漢籍・漢字に通暁した、百済・新羅からの渡来者の教養人が、かかわっていたであろうことは否定できない。日本が倭の研究だけでは知り得なかったことも、韓国側の研究につき合わせ、立体的に考察することによって、新しい発見ができることもあるのではないだろうか。

韓国側の記録ではまったく根拠がなく、存在しなかったとされる「任那《みまな》」であるが、みー美称の接頭語で尊いものにつけられる。まー本当の、完全な、という意味を持ち、片《かた》に対するもの。なー奈良のななどと同じく、国を表すもの。従って尊い本当の国、といったことばで、皇権発祥の源流を意味するものではないか、というのは注意すべきかも知れない。

[『全現代語訳日本書紀』(講談社学術文庫/二〇〇七年)上の4頁。ルビと強意記号は原著]

一方、新羅の王名の中に「麻立干《マリプカン》」というのがある。意味するところは「最も高い杭」である。そのむかし族長会議は木の杭に腰掛けて行われた。会議を主催した者は皆よりも一段高い杭に腰掛けた。それで最も高い杭に座る者という意味が、王を意味するようになった。この点からも「マ」は中心を意味するといえる。

以上より、「ヤマト」は「国の中心の場所」という意味になる。これならば自分たちの政権に対してつけた名前としてふさわしいと思う。「山のある場所」「山の入口」という意味よりも「国の中心地」という意味の方が妥当である。自分たちの土地を「ヤマト」ということで、俺たちが中心だ、と宣言したのである。なおここで解釈した「ヤマト」は古代で使われていた朝鮮語である。現代朝鮮語ではないことを再確認しておく。古代朝鮮語の「ヤ」「マ」「ト」が、その後もそのまま用いられたのである。このことからも「東征軍」の中枢は、多くがバイリンガルだったといえるだろう。

さて、ここで日本書紀に「ヤマト」がどういう場所であるかを書いたところがあるので、それを見てみる。筆者の仮説と矛盾しないかを確認するためである。

神武天皇が「東征」の前に兄弟や子供に対し「ヤマト」の土地について以下のようにいっている。

「前略。その土地は、大業を広め天下を治めるのによいであろう。きっとこの国の中心地だろう。後略」〔『全現代語訳日本書紀』（講談社学術文庫／二〇〇七年）上の91頁〕

また垂仁《すいにん》天皇、伊勢の祭祀の条には、こう書かれている。天照大神《あまてらすおおみかみ》が倭姫命《やまとひめのみこと》にいった言葉である。

「伊勢国はしきりに波の打ち寄せる、傍国《かたくに》の（中心ではないが）美しい国である。後略」〔『全現代語訳日本書紀』（講談社学術文庫／二〇〇七年）上の143頁。ルビかっこ書き原著〕

つまり日本書紀では「ヤマト」を「国の中心」の意味と認識しているのである。こうした事実と筆者の古代朝鮮語による解釈とは、矛盾がない。

以上より、「ヤマト」は「国の中心」という古代朝鮮語であり、当時の人々は「大倭（だいわ）」を改めて「大和（だいわ）」とした漢字語に「ヤマト」という音を当てたのである。それゆえ「ヤマト」はもとは扶余語の普通名詞であったが、時代と共に固有名詞でありかつ日本語である「やまと」になったのである。

序でながら卑弥呼の「邪馬台」国も扶余語「ヤマト」の音訳語だろうと推測している。卑弥呼とその家来たちは自分たちがいるところを「国の中心」と認識していたのである。古代中国語の発音で確認してみる。邪の上古音は「ŋiăg」である。馬は「măg」台は「dəg」である。カタカナで表記すると「ニャマド」になる。当時の倭人はこれに近い発音をしていたと考えられる。大和（ヤマト）の「ヤ」も本当は「ニャ」かも知れない。「ト」が濁音化するのは日本語の古語と韓国語に共通している。古語では清音と濁音の区別が無かった。一音で発音すると「ト」であるが連続して発音すると「ド」になる。「邪馬台＝ニャマド」は当時の原音に近い発音であり、後年の「大和＝ヤマト」は正しくはこのように発音されていたのかもしれない。以上より「大和」も「邪馬台」も、もとは古代朝鮮語であり、「国の中心」という意味である。なお「邪馬台」はその後「八女《やめ》」に変化したと筆者は推測している。八女市は福岡県西部の市である。近くに吉野ヶ里遺跡がある。こうしたことから卑弥呼が居たのは北部九州だったと筆者は思っている。「東征軍」が攻めた場所はナガスネヒコというアイヌ人が支配していたのだから、倭人の卑弥呼が支配していた場所ではない、と考えるからである。

任那

『全現代語訳日本書紀　上・下』（講談社学術文庫／二〇〇七年）、欽明天皇二三年（五六二年）春一月に次の記述がある。

新羅は任那の官家《みやけ》を打ち滅ぼした。――ある本には、二十一年に任那は滅んだとある。総括して任那というが、分けると加羅国《からのくに》、阿羅国《あらのくに》、斯二岐国《しにきのくに》、多羅国《たらのくに》、卒麻国《そつまのくに》、古嵯国《こさのくに》、子《し》他国《たのくに》、散半下国《さんはんげのくに》、乞湌国《こつきんのくに》、稔礼国《にむれのくに》、あわせて十国である。〔『全現代語訳日本書紀』（講談社学術文庫／二〇〇七年）下の47頁。ルビは原著〕

任那という呼称は、一〇カ国の総称だ、とある。それを用いていたのは、大和朝廷だけだった。だから新羅や百済、それに加羅諸国を記録した韓国で最古の歴史書である「三国史記」に任那が出てこないのは当然のことになる。新羅はその地を阿羅とか、加羅とかと呼んでいただけで、任那とは呼んでいなかった。

崇神天皇の和名は、御間城（みまき）入彦（いりひこ）五十瓊殖（いにえの）天皇（すめらみこと）である。「いりひこ」は「入った男」で問題ないだろう。「みまき」は場所であることは明白なのだが、どんな場所かが問題である。

民俗学の谷川健一氏は「みまき」は「水の間」と解釈している。しかし天皇家の発祥の地が、そういう特別な意味を持たない言葉で呼ばれていたとは、考えにくい。「高句麗」「大和」の由来でも検討したことだが、特別な場所なのに、何の意味も無い言葉と解釈するのは、的外れである。天皇家の発祥の地が「水の間」では弱いと思う。ここは、先に引用した宇治谷孟氏が言うように、「尊い本当の国から来た」と解釈する方が妥当だろう。大和朝廷の人々は、「みまな」を「本国」という意味で使っていたと推測する。それが後に固有名詞化して、「任那」という場所の名前になってしまったのである。

以上より「みまき　いりひこ」は「尊い国から来て入った男」という意味になる。「いにえの」は分からない。岩波書店の『日本古典文学大系　日本書紀』（一九七八年）の注釈を見ても意味が分からないとある。おそらくこれも古代朝鮮語で解釈ができるのではないだろうか？

筆者は、古代日本語で漢字と読みとが一致しない言葉は、意味は漢字にあるが、その発音は古代朝鮮語だろうと推測している。例えば、「大和」「飛鳥」「百済」がそうである。いずれも文字と発音が一致しない。「大和」については既に見たので「飛鳥」について考えてみる。「あすか」の文字の意味は「飛ぶ鳥」である。よって「あすか」は古代朝鮮語で「飛ぶ鳥」という意味だったと推測する。ここで「あすか」の「す」は鳥の意味だろう。現代朝鮮語で鳥は「セ」という。古代朝鮮語では「ス」といったのだろう。

下関の忌宮《いみのみや》神社に数方庭《すほうてい》祭りというのがある。長い竹に幟をつけて練り歩く祭りである。「数方庭」の語源は谷川健一氏が書いた「日本の神々（岩波新書）一九九九年」によると朝鮮の「蘇塗《そと》」だ、とある。「蘇塗《そと》」は現代朝鮮では「ソッテ」に変化している。さて、

「数方庭」であるが、これは当時の発音をそのまま音写した言葉と解釈すべきである。つまり「蘇塗《ソド(ト)》」というのは現代韓国語の発音であり、古代ではそのように発音していなかった可能性がある。「蘇」の上古音は「sag」である。但し呉音では「ス」である。また中原音韻、北京語でも「su」である。「塗」は「dag」である。一方で倭人が聞いて書き写したのは「数法庭」である。ここでは倭人が聞いたものを追ってみる。まず「数《す》」であるが、これはそのまま「ス」であり、鳥ということだろう。現代韓国の「ソッテ」の上には鳥の彫り物があるからである。「ソッテ」は日本の鳥居の原型とみられている。次いで「方《ほう》」であるが、これは良く分からない。「庭《てぃ》」は現代朝鮮語では「テ」であり、竹の棒である。韓国のムーダン(巫女)は竹の細い棒で神を下ろす儀式をする。以上より「数方庭」は「鳥が『方』する竹の棒」という意味になる。尚韓国の現代のソッテは現地では「スサルデ」というらしい。このことは金烈圭氏の『韓国神話の研究』(学生社/一九七八年)にある。「スサルデ」という言葉は韓国語の『国語大辞典』(教育図書/一九九〇年)を引いても載ってない。方言であろう。しかし意味は分かる。「鳥の細く突き出た竹の棒」という意味である。「スサルデ」の「ス」は「鳥」の意味だと推測がつく。

また、高句麗の始祖朱蒙の父親は、解慕漱《ヘモス》といった。「解《ヘ》」は太陽という意味である。「慕《モ》」は分からない。「漱《ス》」は鳥だろう。高句麗の古墳には太陽の中に三本足の鳥が描かれたものがある。このことからすると「慕《モ》」は「住む」とか「使わした」とかという意味だろう。「解慕漱《ヘモス》」というのは「日が使わした鳥」「日の御子の鳥」などといった意味になるだろう。以上見てきたように現代朝鮮語で鳥を意味する「セ」は古代では「ス」と発音されていた可能性が極めて高いと考える。

さてそれでは「あすか」の「す」を挟む「あ」と「か」について考えてみる。まず「あ」である。現代朝鮮語では「飛ぶ」は「ナルダ」という。連体形は「ナr（nar）」である。語幹の「ナ」は「ア」と交換しやすい。古代朝鮮語では「ナr（nar）」を「アr（ar）」と発音していた可能性は残る。つまり「あすか」の元の発音は「アr（ar）スカ」だった可能性大である。最後に「か」であるが、これは現代朝鮮語の「行く」という意味の「カ」だろう。以上から「アスカ」は「飛ぶ鳥が行く」ところ、あるいは場所、という意味になる。古代では鳥は、天と地上を行き来できる生物であり、天の意志を伝えると考えられていた。よって「鳥が行くところ」というのは、天が示してくれた場所。即ち特別な場所ということになる。それゆえ、そこを都にしようと考えたのではないだろうか？　また、そういって反対派を説得したのだろう。あの地は「アr（ar）スカ」だ。天の意志が指し示した場所だ。そう話していたのではないだろうか？　以上、当時の日本では「あすか」は「天が示した場所」という意味で用いていたと推測する。これならば状況と発音、文字の意味とが合致する。この発想はヤマトタケルノミコトが死んだあと白鳥になって空を飛び、河内の柏原の辺りに止まったので、そこに墓を作ったという古事記に書かれた話にも通じるものである。

「百済」は、そのまま読めば発音は「ひゃくさい」である。それだのに「くだら」と発音する。何でも韓国発祥としたい人たちは「クンナラ」が変化したものだ、と主張する。「クンナラ」というのは直訳すると「大きい国」「大国」という意味である。これは本国と解釈できないことも無い。朝鮮語では本家のことを「大きい家＝クンチプ」というから「大きい国」すなわち「本国」と解釈できるからである。それで何でも韓国製といいたい人たちは、日本は百済を本国と呼んでいた。だから日本は百済人（つまりは韓国人）が建てた国だ、というのだが、このような主張は、いささか冷静さを欠いていると筆者は思う。「くだら」という言葉は古代日本で使われていたのであるから、古代朝鮮語でどういう意味だったかを解説できなければ意味が無いのである。

そのような観点で検討してみる。現代語の「クン」が古代でもそのように発音されていたとする。「ナラ」は「奈良」で分かるように現代と古代で同じ発音である。ここで「クン」の「n」と「ナラ」の「n」とがぶつかって「ダ」あるいは「タ」という音に変化するのは無理があるように思う。なお、「くだら」は日本の古語では「くたら」と発音している。

このような結果から考えるに、現代朝鮮語の「クン」は古代では「クン」とは発音していなかったということになる。現代語は「kwn」である。古代で「kwt」と発音していれば「kwt-nara」が「くたら」と変化した可能性が出る。次いで、状況から考えてみる。百済は文字や仏教、建築技術や土木技術など、ありとあらゆることを教えてくれた国である。だからそんな国を「大国」と呼んだ可能性は大いにある。これらを総合すると、大国を意味する「kwt-nara」が変化して「くたら」になったとするのが妥当だろう。また任那が本国であるから、百済に「本国」の意味は無いと考える。なお、「大国（おおくに）」を使わなかったのは、バイリンガルのインテリが、百済人にも通じる扶余語で言い始めたからだろう。現代でも、インテリは外国語を使いたがるものである。

さて、ここで日本書紀に書かれている、任那のいわれについて検討してみる。以下は第一一代目の天皇である、垂仁《すいにん》天皇二年の条にある。この頃の西暦は日本書紀のものをそのまま使えない。年数を膨らませるという操作がされているからである。他の資料などから考えて、おそらく四世紀中頃の話である。『全現代語訳日本書紀　上・下』（講談社学術文庫／二〇〇七年）から引く。

ある説によると、崇神天皇の御世に、額に角が生えた人が、一つの船に乗って越《こし》の国の笥飯《けひ》の浦についた。それでそこを名付けて角鹿《つぬが》という。

「どこの国の人か」

と尋ねると、

「大加羅国《おおからのくに》の王の子、名は都怒我阿羅斯等《つぬがあらしと》、またの名は于斯岐阿利叱智干岐《うしきありしちかんき》という。日本の国に聖王がおいでになると聞いてやってきました。穴門《あなと》（長門国の古称）についたとき、その国の伊都都比古《いつつひこ》が私に、『自分はこの国の王である。自分の他に二人の王はない。他の所に勝手に行ってはならぬ』といいました。しかし私はよくよくその人となりを見て、これは王ではあるまいと思いました。そこでそこから退出しました。しかし、道が分からず島浦を伝い歩き、北浦から回って出雲国を経てここに来ました」

といった。このとき天皇の崩御があった。そこで留まって垂仁天皇に仕え三年経った。天皇は都怒我阿羅斯等に尋ねられ、

「自分の国に帰りたいか」

といわれ、

「大変帰りたいです」

と答えた。天皇は彼に、

「お前が道に迷わず速くやってきていたら、先皇にも会えたことだろう。そこでお前の本国の名を改めて、御間城《みまき》天皇の御名をとって、お前の国の名にせよ」

といわれた。そして赤織りの絹を阿羅斯等《あらしと》に賜り、元《もと》の国に返された。だからその国を名付けてみまなの国というのは、この縁によるものである。阿羅斯等は賜った赤絹を自分の国の蔵に収めた。新羅の人がそれを聞いて兵を起こしてやってきて、その絹を皆、奪っ

た。これから両国の争いが始まったという。〔『全現代語訳日本書紀』(講談社学術文庫／二〇〇七年）上の135～136頁。ルビ、強意記号、かっこ書きは原著〕

ここに書かれていることから分かるのは、垂仁天皇が、
「御間城天皇の御名をとって、お前の国の名にせよ」
といったから、「その国を名付けてみまなの国という」ようになったということである。

この部分の話をまとめてみる。

大加羅国の王の子は、日本に聖王がいると聞いてやって来たが、途中のトラブルで生前に会えなかった。そこで、聖王の子である垂仁天皇が、聖王の名前を大加羅国の王子に与えた。王子はそれを使ったから、大加羅国はこのときから任那と呼ばれるようになった。

これは勿論史実ではない。また一国をになっているものが、たとえ聖王ではあれ、外国の王の名前を自分の国の名前にするなどということはあり得ないことである。

「日本書紀」が、大加羅の国に「御間城」の御名を与えたという結果から見て、「御間城天皇」は「みまな」と非常に関係の深い天皇であったと理解できる。「日本書紀」はどう

しても御間城天皇から任那という地名が出たことにしたかったのである。

　これは日本にとって不都合な真実を隠すためである。「御間城天皇」が「任那」から来たという記録があったから、その逆を主張したのである。そして自分は最初から自分だった、任那を滅亡させた新羅と日本は同等の立場だと主張せんがために、このような改作がなされたのである。日本書紀は七二〇年に完成している。当時は新羅が攻めてくるかもしれないという緊張状態にあった。それで唐に対して「日本」という国名を使い始めたし、日本は最初から日本だったと新羅や唐に向かって主張する必要があった。「日本書紀」は御間城天皇がどこから来たかを隠したかったのである。


　さて、少し推理をしてみる。

　筆者は「御間城天皇」を、加羅の首露の子孫で金官伽倻の第四代めの王である居叱弥王《コチルミ》（在位二九一～三四六年）の兄弟の誰かだと推測した。これをもとにすると、「大加羅国《おおからのくに》の王の子」というのは、御間城《みまき》天皇の甥になる。御間城《みまき》天皇はのるかそるかの大勝負を掛けて大加羅から「ヤマト」の地を攻略した。大加羅の国でそれを見ていた御間城《みまき》天皇の兄弟の子の誰かが、祝いを兼ねて倭国にやって来た。彼は密命を帯びていた。「ヤマト」は次の攻撃目標を出雲にしていた。それで出雲国をスパイしてから「ヤマト」に着いた。しかし着いた時にはおじさんの御間城《みまき》天皇は亡くなっていた。王子は従兄弟である垂仁天皇の下で三年過ごしてから、大加羅に戻った。この三年の間に、任那は海から、「ヤマト」は陸から、出雲を攻める案を検討したことだろう。こうした記録をもとにして、「日本書紀」は原因と結果を逆にする、というお話を書いたのである。

さて、百済の歴史書は国が滅亡した時に失なわれた。百済紀や百済本紀などは日本書紀に引用されているだけで、原本は失われている。しかし伽倻の歴史については、伽倻が降伏したあとに、首露の子孫たちが新羅の官僚や将軍になって活躍していることから、金庾信《キムユシン》の家には伽倻の歴史書が、相当にあっただろうと考えられる。

金庾信《キムユシン》（五九五〜六七三年）というのは、新羅の将軍で、「三国統一」の最大功労者である。彼は金官伽倻の始祖である首露から数えて十三代目であった。金官伽倻は金庾信《キムユシン》の曾祖父の時代（五三二年）に新羅に滅ぼされた。以後、祖父、父、と新羅につかえた。

彼が若い頃からの親友である金春秋《キムチュンチュ》（六〇二？〜六六一年）は後に新羅の王となる。この人が武烈王である。即位年は六五四年である。六四二年、百済が南部の要衝である大耶城（慶尚南道陜川郡《ハプチョン》）を奪った。この戦いで金春秋は娘夫婦を殺された。彼は高句麗に援軍を求めにいって、逆にとらわれの身になった。高句麗の家臣の中に彼に同情するものがいて、彼は何とか助かった。この金春秋が大化三年（西暦六四八）に外交使節として大和朝廷に来ている。対百済政策のために高句麗に接触したがうまく行かなかったので、倭国と結ぼうとしたのである。倭国は高句麗ほどの力はないものの、同盟できれば、背後を突かれる怖れは少なくなる。また、百済の力を弱めることにも成る。加えて金春秋は盟友の金庾信と、日本の天皇とが先祖を同じくする者であると知っていたに違いない。そういうことも利用して、何とか百済と倭とを引き離そうとしたことだろう。そしてできれば金庾信の先祖と同じ先祖を持つ大和朝廷と、新羅が同盟できれば、大成功と考えていただろう。そうでないと彼ほどの大物が使者としてやってくる必然性はない。倭の重要性は低いから、部下を送れば済むことである。それだのに、金春秋自らがやって来たというのは、そういう背景があってのことだろうと推測する。しかし大和朝廷から見れば、新羅は任那＝本国を滅ぼした仇である。容易に手を組める相手ではなかった。

金春秋は「容色美しく、快活に談笑した」と日本書紀には記されている。おそらくこのときの談笑は、漢字による筆談か、あるいは当時の世界語である中国語でなされたのではないだろうか？　金春秋は若い頃唐に使者として行っている。旧唐書新羅伝によれば彼は国学観を訪れて釈尊の講義を請うている。講義は当然筆談ではなく言葉でなされたであろうから、彼は中国語には堪能だったと推測できる。ただし彼は倭語はできなかっただろう。このころの新羅の言葉は急速に扶余語化していたと思う。金春秋が来た年は、任那滅亡の年（五六二）からは八〇年以上も経っている。任那滅亡の時に扶余語と倭語のバイリンガルだった者が一〇歳だったとして、金春秋が日本に来た時には九〇歳を越えている。よってこの頃には新羅の倭語は消滅していたといってもいいだろう。一方百済の方は六六三年まで命脈を保っていた。だからこちらの倭語は七〇〇年頃までは生き残っただろう。しかしそれよりあとの時代では、倭語を知っていた者の寿命が尽きることにより、倭語は朝鮮半島から総て消滅したと見て良いだろう。

この状況は現代の状況と似たところがある。朝鮮で日本の植民地時代に教育を受けた者は、殆ど総ての者が日本語の読み書きや会話ができた。しかしその者たちの寿命が尽きるに及んで、日本語を知っている者は特別に学んだ者たちだけとなり、韓国は日本との関係よりもアメリカや中国との関係を重視するようになった。同様のことがこの時代でも起きたのである。但しこの時代では、滅んだのは、大和朝廷の本拠地である任那だった。倭国で自然発生した大和朝廷が任那地域を植民地支配し、そしてそれを失ったわけではないのである。

事実は、大和が任那を植民地支配していたのではなく、任那が大和を植民地支配していたのである。そして大和が自主性を持つに及んで、俺たちは最初から俺たちだったと主張するために「日本書紀」を書いたのである。そこでは多くの原因と結果のすり換えがなされた。また神功皇后の三韓征伐のように、朝鮮半島内で先祖がしたことを、大和から出向いてしたというふうに書き換えたのだった。

首露王

「首露」という意味について考えてみる。新羅の古名を「斯盧」といったことから「首露」の「露」は「斯盧」の「盧」と同じ意味と解釈していいだろう。即ち国という意味である。

「首」は当時どう発音していたのか分からない。「ウ伽倻」の「ウ」と発音していた可能性はある。発音は分からなくても、「首」という文字の意味から考えると、この文字は「高いところ」や「中心」を意味していたと推測できる。こう解釈すると「首露」は、国々の中でも中心となる国という意味になる。それが後年、人の名前として採用されたのだろう。普通名詞の固有名詞化である。

松本清張氏は応神天皇を「夫余族」の王族の誰かとしているが、筆者は「大和」を征服したのは崇神天皇＝御間城《みまき》天皇で、その人は大伽倻＝金官伽倻の首露王の四代目の子孫の誰かだろうと思っている。四代目の王である居叱弥《コチルミ》王の在位が二九一年から三四六年であり、楽浪、帯方郡の滅亡が三一三年だからである。

首露王の子孫で有名な者には新羅の金庾信がいる。彼は首露の十三代目の子孫であり「三国統一」の最大の功労者である。首露の子孫は金官伽倻が新羅に滅ぼされてからは、新羅に仕えるようになった。韓国の資料である「三国遺事」からは、首露王その人の来歴は分からない。しかし筆者は後漢書東夷伝にあるように馬韓からやってきた人だろうと思っている。馬韓の血筋は怖らく高句麗につながっているだろう。首露王の誕生神話は天孫降臨神話である。この神話は扶余、高句麗、百済、首露の国を含む六伽倻、そして大和朝廷へと続いている。神話と共に支配者も移動したと見るべきだろう。

以上より筆者の結論は、御間城（みまき）入彦（いりひこ）五十瓊殖（いにえの）天皇（すめらみこと）は、任那から来た扶余系の倭人で、倭語を母語とする人であった、ということである。彼に従った武人の多くも倭人、あるいは扶余系の倭人で、みな倭語を話していた。ただし扶余語も堪能で、怖らくは全員か、多くがバイリンガルだっただろう。その結果「日本」に扶余語即ち古代朝鮮語が多く残っているのである。

当時は国境の概念が今とは違う時代である。倭語が使われていたことを以って「日本」が「朝鮮南部」を支配していたと考えるのは間違いである。当時の倭人は朝鮮南部と「日本列島」の各地に部族国家を作っていたのである。そして半島の倭人が楽浪・帯方の滅亡という大乱の玉突き現象からはじき出されて、「大和」を征圧したのである。

以下に補足として首露王の誕生神話を書く。作家の林英樹《イムヨンス》氏翻訳による『三国遺事・上・下』（三一書房／一九七五年）の加羅国記から引用するが、意味の通りにくいところは筆者が適宜手を加えた。

天地開闢以来この土地には国として呼ぶべき名前がなかった。それ故に君主とか臣とかという名前もなかった。ただ我刀干、汝刀干、彼刀干、五刀干、留水干、留天干、神天干、五天干、神鬼干の九干がいて彼らが酋長となって民を治めていた。その数はおよそ百戸、七万五千名であった。多くは山野に自ら集団をなし、井戸を掘って飲み、田を耕して食う程度だった。

後漢の世祖光武帝の建武十八年壬寅（西暦四二年）三月の禊浴日（陰暦三月の最初の巳日に厄除けのため沐浴して水辺で会飲する風習があった）に北の亀旨（これは峰の名前。十匹の亀が伏しているように見えることからこの名前がある）で何か叫ぶような不思議な声がした。二三百名の村人がその亀旨峰に集まった。人の声のようなものがしたが、その姿は見えなかった。その声が、

「ここに人がいるのかいないのか」

というので九干たちが、

「私たちがここにいる」

といった。その声がまた、

「私がいるここはどこだ」

といった。

「ここは亀旨です」

と答えた。またその声は、

「皇天が私に命ずるに、ここに行って、国を新しく建てて王になれといったので、ここに降りてきた。汝らはすべからく、峰の頂上の土を掘りながら『亀よ！　亀よ！　首を出せ！もし出さなければ焼いて食べるぞ』と歌いながら踊りなさい。そうすることが大王を迎えて喜び踊ることになるのだ」

といった。

九干たちがいわれたとおりにみな喜んで歌舞をして、しばらく経って空を仰ぎ見ると、紫色の縄が天から垂れて地面についた。その縄の下端を探してみると、赤いきれに金色の函《はこ》が包まれていた。開けてみると黄金の卵が六個入っており、日輪のように丸かった。みな驚きながら喜び、何度も拝んだ。

しばらくしてからその卵を再びきれいに包んで、我刀干の家に持ち帰り、卓子の上に置いて各自帰って行った。

その後十二時間が経った翌日の夜明け頃に村人たちが再び集まってその函を開けてみると、六個の卵が童子に変化していた。容貌がはなはだ俊偉であった。床に座らせて皆が拝賀し、恭しく接待した。

童子たちは日に日に大きく育って十余日後には身長が九尺にもなった。これは殷の天乙（湯王＝殷の初代王）と同じである。また顔が龍のようなのは漢の高宗のようで、眉が八つの色彩であるのは唐の尭帝のようであり、眼の中に瞳が二つあるのは、虞の舜帝のようだった。その月の十五日に即位した。

初めて現れたというので名を『首露』と名付けた。あるいは『首陵』（これは死後の諡号である）ともいった。国を大加洛または伽倻国と称した。即ちこれが六伽倻の一つである。他の五人は各々行って五伽倻の主となった。東は黄山江、西南は滄海西北は地理山（智異山）東北は伽倻山を以て境界とし、南は国の果てるところとなっている。

仮宮を作らせて入御したが質素にして倹約するため草葺きの屋根の軒は切らず土階はわ

ずか三尺であった。即位二年癸卯（西暦四三）春正月に王が、

「朕は都を定めようと思う」

といって仮宮の南の新畓坪（これは古来の閑田だが、新しく耕作したのでこのようにいう。畓は俗字である）に行って四方の山嶽を望見した。それから左右の臣を顧みて、

「この地は狭小で蓼の葉のようだ。しかし山川が秀異であるので、十六羅漢も住めるだろう。風水説ではよく一（水）から三（木）が生じ、三（木）から七（火）が生じるというが、七聖が住んだという土地が、まさしくここのようだ。ここを開拓すれば将来は良い土地になるだろう」

といって周囲千五百歩の外城と宮闕殿堂と多くの庁舎と武器庫や倉庫を建設する場所を定めて帰った。広く国内の装丁人夫と工匠を徴用してその月の二十日に城の地固めから初めて三月十日にいたって工事を終えた。しかし宮闕と屋舎は農閑期を利用して建築したからその年の十月に初めて甲辰（西暦四四年）の二月に落成した。吉日を選んで新宮に移って万機を治め、庶務に励んだ。

後略。［『三国遺事』（三一書房／一九七五年）上の175〜176頁］

このあと新羅の王族の一つになる脱解が海からやってきて国を盗ろうとした。首露は化け比べをして勝つ。脱解は新羅に逃げ込んだ。それから西南の方角から船に乗ってやってきた女性と結婚する。

これらは、ある程度史実を反映した話ではないかと思う。脱解が海から来たことイコール「日本」から来たことにはならないだろう。脱解は朝鮮半島南部の倭人の可能性の方が高いと筆者は思っている。

ここで古代史の資料に使われている国を意味する言葉について検討を加えてみる。国を意味する言葉には「盧」「羅」「郷」「那」がある。いずれも国という意味で使われているのだが、その使われ方を見ていると、一定の規則性があるようである。それは国の大きさによって、漢字を使い分けている、ということである。まず「盧」であるが、これは「斯盧」という使い方をしている。「首露」の「露」も発音が同じなので、同じ意味だろう。この漢字の意味する規模は小さい。いくつかの集落を束ねた国が「盧」である。ついで「羅」である。これは斯羅という使われ方をしている。のちの新羅と同じ「羅」の字を用いていることから、こちらの方が「露・盧」よりも規模が大きいと判断できる。「羅」はいくつかの邑《むら》が集まってできた国だろう。「卿」はそれよりも大きい集合体ではないだろうか？単なる邑《むら》ではなく、大きな邑《むら》が集まってできたのが「卿」だろう。最後に「那」についてである。前の任那で見たように、任那という呼称は、一〇カ国の総称として使われている。このことから「那」は「羅」や「卿」の集合体に対して使われたと考えていいだろう。古代の人たちはこのように使い分けていたのではないだろうか？　まとめてみる。国という意味の漢字の大小関係は以下の通りである。

「盧」＜「羅」＜「卿」＜「那」

このことから、首露が弱小だったことが分かる。首露の周りは「羅」や「卿」という「盧」よりも大きな国ばかりだったのである。そんなだったから、首露の子孫は、戦乱に明け暮れる半島内で戦力や財力を消耗するよりも、土地が豊かで勝てそうな大和征圧に賭けたのだった。今風にいうなら、レッドオーシャンを捨て、ブルーオーシャンに打って出たのである。レッドオーシャンとは競争が激烈な市場をいう。ブルーオーションとは競争相手がいない市場である。「ミマキイリヒコ」には鉄という有り余る財力があった。先を見通した指導者は余裕があるうちに次の手を打った。あたら財力を浪費してゆで蛙状態になる前に動いたのである。これは現代でも同じである。優秀な経営者は会社の業績が順調なときに、次の儲けの柱を考えている。業績がいいからと浮かれていると、会社は直ぐに傾いてしまう。

第四章　朝鮮古代史の謎

広開土王碑

朝鮮は常に異民族からの侵略を受けていたので、戦乱が続き、紙や木に記録されたものは燃えてしまい、余り記録が残ってない。このため石碑は貴重な歴史資料になる。高句麗の第一九代の広開土王《こうかいどおう》（在位三九一～四一二年）は、国土を最大にした。息子の長寿王は、父の功績をたたえて石碑を建てた。その中に、倭が船団を半島に送ったという記述が出てくる。戦前の日本は、これを大和朝廷が任那《みまな》を初めとした朝鮮半島の南部を支配していた証拠だとした。

朝鮮が独立してからは、韓国や北朝鮮の学者が反発したものの、誰も明確な解釈を示せなかった。そんな中、在日コリアンの歴史家である李進熙氏が『広開土王碑の研究』（吉川弘文館／一九七二年）を発表し、広開土王碑は改ざんされたものだと指摘をしたので、一時物議を醸した。その後中国の学者の現地リポートがあり、改ざん説は根拠が無いものとなった。その後は韓国の学者から、解釈の違いが出された。問題の文章はこうである。

而倭以辛卯年来渡海破百残□□□羅以為臣民

これは普通は、「而《しこう》して倭は辛卯《しんう》年（西暦三九一年）に来たれるに渡海《とかい》を以《もっ》てす。百残《ひゃくざん》（百済）、□□、新羅を破り以《もっ》て臣民《しんみん》と為《な》す」最初の二つの□□は加羅《から》と推測されている。朝鮮側はこれを「而《しこう》して倭は辛卯《しんう》年を以《もっ》て来たれり。（大王は）海を渡りて百残《ひゃくざん》、□□、新羅を破り以《もっ》て臣民《しんみん》と為《な》す」

朝鮮側は大王、あるいは高句麗という主語が書かれてないだけだ、というのであるが、急に主語を変えるのは、いささか無理があるように思う。これまでの日本側の解釈が妥当だろう。

さて、それでは、どこの倭人が来たのかを検討してみる。三九一年は加羅《から》（伽耶《かや》）の倭人が大和攻略に成功して何一〇年かあとの出来事である。大和の倭人が本国である加羅（伽耶）に協力して周辺国を攻略した可能性は充分にあるだろう。北部九州の倭人が来た可能性もあるが、加羅（伽耶）が大和を攻略した「東征軍」の本拠地であることから、「渡海」というのは大和から来たと見た方が素直だろう。

なぜ大和は海軍力を増強したのだろうか？　筆者は大和朝廷が、次のターゲットを出雲に定めていたからだ、と考える。船団で出雲を海から攻め、一方は陸地から側面や背後を攻めるという、二方面からの攻略を考えていたのではないだろうか？

出雲は、「渡海」した船団の強大さに怯えただろう。それが起因となって、出雲は国譲りを決心したと推測する。戦って勝てる相手ならば戦うが、勝てそうになければ、とりあえずは降伏して、王家の命脈を保つという作戦に出るしかないだろう。出雲が大和の強大さを見ずに降伏したなどとは考えられないから、どこかの時点でその強大さを見たはずである。「渡海」がそれであった可能性はかなり高い。

「加羅を臣民にした」というのは加羅から出た倭人が大和を押さえたということを知っていたからそのように誇張したのだろう。原因と結果のすり替えである。実態は加羅＝伽倻は大和の本国である。百済新羅を臣民にしたというのも誇張であろう。高句麗は中国と同じく中華主義で周辺国を支配しようとしていたから、朝貢しなくなった国は、自分に背いたということになる。それで広開土王は「俺に背いたからやっつけたのだ」と言わんがために「俺に背いて倭人の朝貢国になりやがった」と誇張したのだろう。だからやっつけた俺は正義なのだと、言いたいわけである。つけ加えておくが、「臣民となした」というのは、現代的な感覚の「植民地にした」という意味ではない。「朝貢するようになった」という意味である。日本も遣隋使や遣唐使を派遣していた。これは中国から見れば日本が「臣民」になっていたという事である。しかし日本は独立国だった。「臣民」イコール「植民地」ではない、ということを念頭に置いて読む必要があるところである。

いずれにせよ、ここでの倭人は、日本で「自然発生した」大和朝廷と捉えるべきではない。この部分を「倭＝日本」という、いわば皇国史観で考えるから、一方は肯定しようとし、他方は否定しようとして紛糾するのである。解釈以前に前提が間違っているのである。

倭人は半島南部と西日本から九州に掛けて存在して居たからである。そして重要なのは半島が本拠地だったということである。

イギリスの清教徒が移住してできたアメリカが、やがてはイギリスから独立したように、ヤマトも半島から自立する。そして強大な新羅に対抗するために、自分たちは最初から自分たちだった、お前たちが滅ぼした任那の子孫ではない、という内容の日本書紀を作り上げた。それは自分たちの独自性を主張するためだった。

三国統一

朝鮮の歴史を学んでいて、一番最初に疑問に思うのは檀君《タングン》神話であり、次に疑問に思うのは、新羅が三国を統一した、という説明である。新羅は百済と高句麗のほんの一部しか支配しなかった。高句麗の領土の殆どは渤海《ぼっかい》が支配している。それだのに「三国統一」などというのは、詐欺みたいなものではないか、と筆者はずっと不満だった。

後年分かったことは、新羅の三国統一は高麗時代の「三国史記」（一一四五年）に書かれているということだった。これを書く切っ掛けとなったのは、渤海（六九八～九二六年）を倒した契丹《きったん》族が遼（九一六～一一二五年）を建国し、その後たびたび高麗を侵略していたからである。

遼の主張はこうである。高句麗の後継者である渤海を倒した遼こそが高句麗の正当なる後継者である。よって高句麗の故地である地域を支配している高麗は侵略者であるから成敗する、というものであった。

これに対して高麗は、高句麗を倒したのは新羅であるから、高句麗の正当な後継者は新羅であり、そこから政権を禅譲によって譲り受けた高麗こそが、高句麗の正当なる後継者である。侵略者はお前たちだ、と言わんがために「三国史記」を作り上げたのである。当時の高麗は遼という強大国を意識し、自分を正当化するために「三国史記」を書いた。この事情は、倭国が、強大国の新羅を意識して、自分たちは最初から自分たちであり、独立した存在なんだと言わんがために「日本書紀」を書いたのと同じである。

さて、歴史を振り返ってみよう。新羅は高句麗の首都である平壌を攻め落として高句麗を滅亡させた（六六八年）。だから高麗の主張には一理あるのだが、しかし高句麗の領土の殆どは渤海のものとなっている。何とも説得力に欠ける。そこで高麗は俺たちこそが高句麗の正当な後継者だと言わんがために「新羅が三国を統一した」と言いつのった。その結果現代に至るまで、そういうことになっている。

しかしである、国の歴史書というのは、その時の為政者に都合がいいことを書くのが常のことなのだから、後年歴史を学ぶものは、どこにそういう嘘が潜んでいるかを吟味しながら読む必要があるだろう。

日本書紀は、日本は初めから日本だった。俺たちは任那から来たんじゃなく、任那を支配していたんだ、という「お話」を作り上げた。それで任那から来た人間が再び任那に戻っていっても、最初の来た部分を書かなかったので、任那に派遣されたまま戻らない人間が何人も出てくるという内容になってしまった。日本が本拠地という前提で日本書紀を書いたがために、そういう内容になったのである。

さて、新羅に仏教が伝わった年代は明らかではないが、公認されたのは法興王の時代（在位五一四～五四〇）である。高句麗は三七二年、百済は三八四年に伝来した。いずれの国も仏教伝来後に国力が旺盛になっている。宗教は民族自決の道具として機能したと、筆者は見ている。それ故新羅で仏教が公認されるまでは、アイヌ人、扶余《ふよ》人、倭人は、水と油の状態で混じり合っており、仏教が接着剤となるまで、「三国統一」前の新羅は多民族国家であっただろうと推測する。

新羅が滅亡し、高麗が建った（九一八）。渤海が契丹に滅ぼされた（九二六）あと、最後の王は高麗に亡命している。このときどれだけの歴史書物を持ち出せたかは分からないが、最低限、自分たちの来歴を語る書物ぐらいは高麗に持ち込んだだろうと推測する。

以上によって当時の状況を検討してみる。まず、高句麗の血統を受け継いでいる者をみると、高句麗直系の王家は途絶えている。また、傍系の百済も滅んでいる。しかしその流れをくむ（であろう）首露《スロ》の子孫は日本で大和朝廷を維持している。血筋からいえば、日本こそが承継者としてふさわしい。

「三国時代」に新羅の外交使節として「日本」にきた金春秋は後の武烈王で、「三国統一」をする人物である。この王に協力した金庾信《キムユシン》は「三国統一」の第一の功臣であった。彼は伽倻の首露王の子孫である。当然彼の家には系図や言い伝えを記録したものがあったはずである。そこには何代目かの先祖が、「大和」に進攻したという記述があったはずである。

「三国史記」が書かれる頃まで、そのような資料は残っていたのではないだろうか？　金春秋はそういうことを知っていた。だから彼ほどの大物が「日本」に外交使節としてやって来たのである。それは大和朝廷が百済から離れ、自分たちと手を組む可能性を模索してのことだっただろうと推測する。金春秋の親戚の金庾信は新羅の功労者になっている。だから先祖を同じくする「やまと」も我々と手を組まないかと、金春秋は説得したことだろう。戦わずして勝つのが、コスト的には一番安いからである。

次いで領土を見てみる。高句麗の領土の大半を引き継いだのは渤海である。その渤海を倒して領土を引き継いだのは遼である。高麗は高句麗の領土のほんの一部を領有しているに過ぎない。

こうしたことをそのまま書くと、高麗にとっては実に都合が悪いことになる。それで「不都合な真実」は覆い隠すことにした。渤海や日本について書けば自分の正当性を主張できなくなるから、高麗の官僚たちは、「五国史記」としないで「三国史記」とし、渤海と日本を無視することにしたのである。日本は陸続きの国ではなかったから、陸続きの国ほどの重要性はないが、倭の時代に百済と結んでいたという点ではかなりの重要性があったし、何より高麗の官僚はその当時現存する資料を見て、特に金庾信の家に伝わる資料を見て、首露の子孫が大和朝廷を建てたということは知っていたはずである。ありのままを書くと遼に「正統は日本であり、お前達は侵略者だ」と主張する智慧を与えかねない。なんであれ遼に、自分たちが高麗を成敗するのは正当な行為だという主張は、させないようにしなければならない。それでこの二国を無視して「三国史記」を書き上げた、と筆者は見ている。

三国史記というのは高麗が高句麗の正当な継承者である、といわんがために書かれたものである。そのために「不都合な真実」は総て切り落とされた。日本も渤海も書かれてないのは、これが理由だろう。そして高句麗の首都を陥落したことをもって、新羅が三国を「統一」したことにし、その新羅から禅譲を受けた高麗が、高句麗の正当なる後継者である、と遼に言いつのったのである。

ここで遼が第一次侵略をしてきたとき（九九三年）の遼と高麗との主張を見てみよう。高麗側は徐熙《ソヒ》という人物である。当時高麗の多くの官僚は遼に領土を割譲して、戦を回避しようと主張した。しかし徐熙は皆を説得し、王に上表文を書いて開戦に持っていった。

以下は高麗史列伝七にある。漢文からの飜訳は『資料から見た韓国文化史・高麗編』（一志社／一九八六年）による。韓国語で書かれているものを筆者が日本語に翻訳した。かっこ書きも筆者が補った。

徐熙《ソヒ》（九四〇〜九九八年）が国書を捧げて蕭遜寧《ソソンニョン》の陣営に行き通訳官を通じて、相まみえるときの礼を尋ねさせた。蕭遜寧は、

「私は大国の貴人であるから、当然そなたが地に伏して拝礼しなければならない」

と言った。徐熙は言った。

「臣下が君主に対してへりくだって礼をするのは当然だが、二つの国の大臣が相まみえるときに、なぜそのようにするのか」

と言い、二、三度やりとりがあったが、蕭遜寧は同意しなかった。徐熙は怒って館所に戻り、横になって起き上がらなかった。

蕭遜寧は心の中で変なことだと思い、ついには堂に上がって礼をすることを認めた。そこで徐熙は営門に行き、馬から下りて入り、土の上で蕭遜寧とお互いに手を前に組む礼を

し、堂に上がって礼を交わしてから、東西に分かれて座った。

蕭遜寧は徐熙にいった。

「そなたの国は新羅の国から起こった。高句麗の土地は我らのものなのに、そなたの国はこれを侵し、また我らと国境を接しているにもかかわらず、海を越えた宋を仰ぎ見ている。そのために今回の出兵となった。よって土地を割譲して国交を開くならば、無事でいられるだろう」

といった。徐熙はこれに答えた。

「いいや、我が国の領土は高句麗のかつての土地である。だから国号も高麗とし（高句麗が首都をおいていた）平壌に都を置いているのだ。それ故領土の境界をいうのであれば、そなたの国の首都である東京も総てこちらの領土内にある。何故侵したといえようか？また鴨緑江の内外もまた我らの領土なのに、女真が跋扈して盗みを働いている。奴らはかたくなで、ずるがしこく、移り気で、よこしまなため、道を行くのは海を越えるよりも難しいのである。よって国交を開けないのは女真のせいである。万一女真を追い払い、我らの昔の土地を取り返し、城を築き、道を整備できるなら、どうして国交を開かないことがあろうか。将軍がもし、私の言葉を天に届けてくれるなら、どうして天がもっともだと思わないことがあろうか」

と、大いに嘆いた。

蕭遜寧は強圧的に出てもだめだと思い、身だしなみを整えて皇帝に伺いを立てたところ、契丹の皇帝は、

「高麗が和解を望むなら、兵を引きなさい」

といった。そこで蕭遜寧は饗宴を開いて慰労しようとすると徐熙がいった。

「我が国が道理を失ったことがないとしても、上国の軍に苦労をかけ、遠くまで来るようにしてしまい、このため皆が慌てて槍を持ち、剣を握り、何日も露営で寝なければならないようなことになったのだから、どうして宴を楽しむことができようか」

と言った。蕭遜寧は、

「両国の大臣が会ったのに、どうして歓好の礼がなくて良いものだろうか」

と言って、譲らなかった。それで受けることにし、お互いは大いに楽しんで分かれた。

徐熙は契丹の陣営に七日間留まり戻るときには、駱駝十匹、馬百匹、羊千匹、絹織物五百

匹をくれたので、成宗（第六代王、在位九八一―九九七）は大いに喜び、王宮を出て川のあるところまで出迎えた。〔『資料から見た韓国文化史・高麗編』（一志社／一九八六年）160～161頁〕

以上のように、高麗は高句麗の正当な後継者だと主張することで、周辺国との緊張を何とか切り抜けようとした。しかし高句麗の故地の殆どは遼が握り、一部は女真に取られ、ほんの一部を高麗が有していたに過ぎない。

こうしたことから筆者は、新羅は「三国統一」なんかしてないと思っている。高句麗は倒したが、領土は失ったからである。そして半島に閉じこもったのである。

半島に閉じこもったことで朝鮮人の気質は大きく変わった。簡単にいうと朝鮮人は事大主義者となってしまった。その悪影響は現代にまで続いている。そんなことから筆者は朝鮮人を堕落させた新羅の「三国統一」を評価してないのだが、最後発で田舎者の新羅が、どうして「統一」できたのだろうか？　なぜ新羅は最後まで生き残ることができたのだろうか？　この点について、検討してみる。

新羅が生き残った理由

ある日、網野善彦氏の日本史の本を読んでいて、なぜ新羅が生き残ったのか、という長年の疑問に対して啓示を受けた。

そこにはアイヌ人と日本人とで、タブーの処理の仕方が違うということが書かれていた。それは出産時の後産で出てきた胎盤を、アイヌ人は皆が踏む土間などの地下に埋めて、みんなで踏んでタブーを共有するが、日本人は縁の下などに放り投げて隠してしまう、というものだった。この結果、タブーを共有するアイヌ人の文化圏には被差別部落が無く、タブーを誰かに押しつけることで穢れを避けようとする西日本や九州には被差別部落が多い、とあった。

読んだ瞬間に、新羅はアイヌ人だ、と閃いた。花郎 はホモセクシャルを連想させる。それを差別しなかったのはベースがアイヌ人だったからだ。アイヌ人がメインだったから、新羅は花郎という制度を維持できたのだ。扶余人がベースだったら、こうはならなかっただろう。扶余人は白丁《ペクチョン》という被差別民を作ることでタブーを回避した。だからもし扶余人がメインだったなら、花郎は白丁にされて消滅していただろう。

新羅がアイヌ人の国だと思いついたことから、朝鮮人は単一民族ではない、という当たり前のことに行き着いた。後漢書東夷伝に出てくる国に、民族を当てはめていくと、奇麗にはまった。言葉が通じている扶余、高句麗、沃沮《よくそ》などは、扶余人の国で、東北に居る、言葉が通じず、汚い習俗で暮らしている挹婁《ゆうろう》、濊《わい》、貊《はく》などはアイヌ人の国だと推測できた。南の海岸地域には倭人が居る。扶余人と倭人が主体である日本列島との間の馬韓、弁韓、辰韓地域は、扶余人と倭人の混在地域だと推測できた。扶余人がアイヌ人や倭人を文化的に同化してしまうまで、朝鮮は多民族国家だったのだ。弥生人の身長が縄文人より一〇センチ高いということと、日本で日本語が話されているということが矛盾なく成立するためには、「渡来人」は「体は扶余人」だが、「頭の中は倭人」と考えるほかない。半島南部に倭人がいて、その人たちが扶余人との混血の後に「日本」に来たと考えれば辻褄が合う。そして歴史書に書かれた多くの間接証拠はその事実を裏付けている。

次いで旧唐書と新唐書の矛盾も、朝鮮半島の倭人がヤマトを征服したと考えれば、矛盾しないことに気がついた。筆者が入手した総ての証拠は、倭人の本拠地が朝鮮半島であり、そこで扶余人と混血して体格が良くなったということを示していた。そんな「渡来人」と天皇とは同じ民族だから、異民族の王を倒すという必然性は最初から無かったのである。もちろん「渡来人」の中には扶余人もいただろうが、彼らは少数派だった。加えて多くの者はバイリンガルだった。それで扶余語は「日本」では消滅してしまったのである。

さて、新羅が生き残った理由について書こうと思う。まず新羅が勝ち残った直接的な理由は、花郎《ファラン》という若者の軍事集団が強力だったからである。三国史記列伝第七に官昌《クァンチャン》と金《キム》歆運《フムン》という花郎について記述がある。井上秀雄氏訳注の『三国史記・1・2・3・4』（平凡社東洋文庫／二〇〇五年）から以下に引く。

官昌《クァンチャン》は新羅の将軍品日《プミル》の子供である。外見は優雅で少《わか》くして花郎となり、人とよく交際した。十六歳で騎馬や弓射をよくしたので、某大監が彼を太宗大王に推薦した。唐の顕慶五年（六六〇）庚申に、王は軍隊を出動させて唐の将軍と百済を侵略した。官昌を副将に任命した。黄山の野で両軍が相対したとき、父の品日が〔官昌に〕、

「そなたは年少といえども志気がある。今日こそは功名を立てて富貴をおさめる時である。勇気を持ちなさい」

というと官昌は、

「わかりました」

と答え、直ちに馬に乗って槍を横たえ敵陣を直撃し、馳《はし》りながら数人を殺した。しかし敵は多勢でわが方は無勢であったため、賊にとらえられてしまった。生きたまま百済の元帥階伯《キェベク》の前に連れて行かれた。階伯が〔官昌の〕冑《かぶと》を脱がせると、年若く勇敢〔な様子な〕ので、〔それ〕を愛《いとお》しく思い、害を加えるに忍びなかった。そこで嘆いて、

「新羅にはすぐれた人物が多い。少年にしてなおこのようであるから、壮士ならばいかばかりであろう」

と言って、生還させることを許した。官昌は、

「さきに自分は賊の中に入りながら、将帥を斬って、〔敵の〕旗を取ることができなかったことを深く悔やんでいる。もう一度〔敵陣に〕入ればきっと成功してみせる」

と言い、手で井戸の水を掬《すく》って飲んだ後、再び敵陣に突入して激闘した。階伯は捕らえ

て〔その〕首を斬り、馬の鞍《くら》に繋いで送った。品日はその首を手に取って、袖で血を拭いながら、

「わが子の面《おも》ざしはまるで生きているようだ。よく王に仕えて死んだので悔いはない」

と言った。三軍はこれを見てはげしく嘆き悲しみながら気持ちを立て〔直し〕、太鼓をうち鳴らして進撃したので、百済は大敗した。大王は〔官昌に〕級湌の官位を追贈し、礼を尽くして葬り、その家族には唐絹三十匹、二十升[*1]の布三十匹、穀一百石を贈った。

＊1二十升　一升は緯《たて》糸八十本をいう。二十升は目の詰んだ良い布である。〔『三国史記・1・2・3・4』（平凡社東洋文庫／二〇〇五年）4の159～161頁。ひらがなルビ、かっこ書きは原著。カタカナルビは筆者〕

金欽運《キムフムン》は奈密（奈勿）王（第一七代。在位三五六―四〇二）の八代目の子孫である。父は達福迊湌《そうさん》（第三位）である。欽運は年若くして花郎の文努《ぶんど》の徒であった。その時、〔花郎〕徒たちが、誰々は戦死して名を今も残している、と話をすると、欽運は嘆き涙しながら、その人のようにありたいと激しく〔自分を〕励ますのであった。仲間の僧侶転密は、

「この人がもしも敵陣に赴いたら、必ず帰っては来ないだろう」

と言った。


〔唐の〕永徽六年（太宗武烈王二年。六五五）、太宗大王は百済と高句麗が〔新羅の〕辺境を塞いでいるのに憤り、これらを討とうと考えた。軍隊を出動させる時に、歆運を郎幢大監に任命した。そこで〔歆運は〕家で泊まらず、風に梳《くしけず》り、雨に髪洗う〔ような苦労をし〕、士卒と共に苦労をあじわった。百済の地に着くと、陽山（忠清北道永同郡陽山面）の下で陣営を布《し》き、助川城を進攻しようとした。百済軍は夜陰に乗じ急進撃して来て、夜明けには城塁をつたって入ってきた。わが軍はあわてふためき、つまずき倒れて乱れきってしまった。賊は〔この〕混乱に乗じて急撃し、飛矢は雨のごとく集まってきた。歆運は馬に横乗りして矛を持って敵をむかえた。大舎の詮知が〔来て〕説き、

「今、賊は闇の中から起り、暗さで一寸先も見分けることができません。公がたとえ死んでも知る人はいません。まして公は新羅の貴骨（名族）であり、大王の娘婿であります。もし賊人の手にかかって死ねば、百済のおごり誇るところとなり、わが方の深く恥じるところともなります」

と言った。歆運は、

「大丈夫が一旦〔その〕身を国に委ねたからには、人の知る知らないは問題ではない。どうして敢えて名声を求めようか」

と言って、強く踏ん張り動かなかった。従者は轡《くつわ》を握って帰るようにと勧めたが、歆運は剣を抜いて振り回し、賊と闘って数人を殺して死んだ。この時、大監の穢破と小監の狄得も一緒に戦死した。歩騎幢主の宝用那は歆運の死を聞き、

「彼の骨〔品は〕貴く権勢も栄え、〔しかも〕人びとが〔彼を〕哀惜していたにもかかわらず、なお節操を守って死んだ。〔まして私〕宝用那ごときは生きて益なく、死んでも損失はない」

と言って、ついに敵陣に赴き、三人を殺して死んだ。大王はこれを聞いて悲しみ嘆き、歆運と穢破に一吉飡（第七位）の位を、宝用那と狄得に大奈麻（第十一位）の位を追〔贈〕した。当時の人はこれを聞き「陽山歌」を作って彼らを憐んだ。

〔編者金富軾はこのことについて次のような〕意見をもっている。

〔新〕羅人は人を知る〔方法〕がないことに苦慮して、〔同〕類を集めて群れ遊ばせ、彼

らが正しい行いをしていることを観たうえで、登用しようとした。そして美貌の男子を選んでこれをきれいに装わせて、花郎と名付けて擁立したところ、〔郎〕徒は雲のごとく集まった。〔彼らは〕互いに道義をきわめあったり、詩歌や音楽で共に喜びあったり、山水に遊興したりして遠くても行かない所はなかった。こうすることで邪と正を判断し、択《えら》んだ者を朝廷に推薦した。したがって〔金〕大問が「賢佐や忠臣はここから出て栄え、良将や勇卒もここから輩出した」と述べたのはこのこと〔を指しているの〕である。〔新羅〕三代[*2]の花郎は無慮二百余人〔を数え〕、しかも〔彼らの〕芳名や美事はつぶさに伝記に載っているとおりである。歃運のような者も郎徒であり、よく国のために命を献《ささ》げたのであるから、その名を辱めなかったと言うべきである。

＊2新羅三代　新羅時代を三つに時代区分したいい方。よって新羅時代の全体を通じて、という意味である［『三国史記・1・2・3・4』（平凡社東洋文庫／二〇〇五年）4の161～163頁。ひらがなルビ、かっこ書きは原著。カタカナルビは筆者］

金富軾は三国史記の編者である。彼の見解では新羅は人を選ぶために、日本の若衆宿のようなものを組織して、そこで人物を観察した、という。そこまでは同意するとしても、美貌の男子を選んで着飾らせる必然性はさて、どこからくるのだろうか？
ここで花郎組織の由縁について三国遺事、巻の三、第四に記録があるので、それを見てみよう。林英樹《イムヨンス》氏翻訳による『三国遺事・上・下』（三一書房／一九七五年）より引く。意味の通りにくいところは適宜修正した。また明らかな誤植はこちらで修正した。

弥勒仙花、未尸郎《ミシラン》、真慈師《チンチャサ》

新羅二十四代の真興王の姓は金氏、名は彡麦宗あるいは深麦宗ともいう。梁の大同六年庚申〔五四〇〕に即位した。王は伯父法興王の志を敬慕して一心に仏を念じて広く仏寺を建て人に度蝶[*1]を与えて僧尼にした。

王はまた生まれつき性質が温和で神仙を大変好んだ。人の家のきれいな娘を選んで原花[*2]に推し立ててその下に多くの娘たちを集めて人物を選び孝悌忠信の美徳を教えた。これはまた国を治める大要である。それで南毛娘と姣貞娘（三国史記では俊貞）の二人の原花を選出し、その下に娘徒を三、四百名集めた。姣貞娘は南毛娘を嫉妬して酒宴を設けて南毛娘を酔わせてひそかに北川に連れて行き、石の下に埋めて彼女を殺した。南毛娘の娘徒たちが南毛娘の行方を知ることができないので、悲しんで泣きながら去って行った。その陰謀を知っている人がいて、歌を作って街の子供たちを誘って街で歌わせた。南毛娘の娘徒たちがこれを聞いて南毛娘の屍体を北川の中で探し出し、姣貞娘を殺した。ここにおいて真興大王は令を下して原花を廃した。

それから何年か経って、王はまた、思うに国を興すには、必ず先に、風月道〔花郎道〕を振作しなければならないとして、また令を下して良家の徳行のある男の子を選んで改めて花郎とし初めて薛原郎を国仙にした。これが花郎国仙の始まりである。それでその記念碑を溟州（今の江原道江陵）に建てた。これから人をして悪を改めて善になるようにし、上の人に対しては敬うようにし、下の者に対しては優しくするようにしたので、五常〔仁、義、礼、智、信〕と六芸〔礼、楽、射、御[*3]、書、数〕そして三師[*4]〔太師、太傅《たいふ》、太保〕と六正〔一に聖臣、二に良臣、三に忠臣、四に智臣、五に貞臣、六に直臣〕が広く王の時代に行われた。注書き省略。

真智王（在位五七六—五七九）の代になって興輪寺に僧真慈（または貞慈ともいう）が

いつも堂主弥勒像の前に行って、願をかけて、

「願わくばわが大聖よ！　どうか花郎に化身してこの世にあらわれて下さい。私がいつも親しくお側で侍従致します」

と祈った。そのねんごろな誠意と祈祷の情が日に日に篤くなっていった。ある晩夢に僧があらわれて、

「汝が熊川（今の公州）の水源寺に行けば弥勒仙花を見ることができるであろう」

といった。真慈が夢から覚めて驚き且つ喜んでその寺を探して十日の道のりを行くに、一歩毎に一礼しながらその寺に到着した。その寺の門の外に容貌の整った一人の少年が歓迎する目つきで迎えてくれた。小門をくぐり客室に案内してくれた。真慈が部屋に上がって会釈して、

「君は私を知らないのにどうしてこんなに親切に待遇してくれるのか」

と聞いた。少年は、

「私も都の者であります。大師が遠くから来るのを見て慰めるだけであります」

といって急に門を出て行方が分からなくなってしまった。真慈はただの偶然の出来事と

考えてそれほど不思議には思わなかった。そしてその寺の僧たちに自分が見た夢のことやこの寺を訪ねてきた意図を話して、

「しばらくの間、こちらに身を寄せて弥勒仙花を待ちたい」

といった。寺の僧たちは真慈の考えが達せられないことを知りながらも、彼の慇懃なのを見て、

「ここから南へ行けば千山がある。そこは昔から賢人哲人がとまっていて、冥感[*5]が多いというのに、どうしてそちらへ行きませんか？」

といった。真慈はこの話に従って千山の下まで行くと山の神霊が老人の姿をして出迎え、

「ここに何しに来たか？」

といった。真慈が、

「弥勒仙花に会いたくて来ました」

と答えた。老人は、

「さきに水源寺の門の外ですでに弥勒仙花を見たのにまた何しに来たのか？」

といった。真慈はこれを聞いて驚いて急いで本寺に帰っていった。それから一ヶ月あまりして真聖王がこれを聞いて、呼んでその事由を聞き、

「その郎がすでに都の人であると自らいったなら、聖人は嘘を言わないだろうから、どうして都の中を探してみないのか」

といった。真慈は王の旨を受けて徒衆を集めて都の街街を余すところなく探し回った。霊妙寺の東北の道端の木の下に化粧をした容貌の秀麗な一人の子供が遊んでいた。真慈は驚き感嘆して、

「これこそが弥勒仙花である」

と言って少年に近づいて、

「郎の家はどこにありますか。あなたのお名前をお聞きしたい」

といった。郎は、

「私の名は未尸であります。幼いとき、両親が皆亡くなられたので、姓は何であるか分かりません」

と答えた。ここにおいて真慈はその子を輿に乗せて宮中に入って王に見せた。王はその

子を敬愛して国仙として奉った。この未尸花郎は郎徒に対して和を以て接し、礼儀と風教が普通の人と異なっていた。その風流が世に輝いて殆ど七年になるとき、彼は忽然と消えてなくなってしまった。真慈は非常に悲しんだ。しかし未尸の慈沢を蒙りその清化を承ってよく自ら悔い改めて仏堂を修養した。晩年に真慈の行方もまた分からなくなってしまった。

訳知りの者は、

「未はその音が弥と似ており尸はその字形が力と似ているのに仮託して謎をかけたのである。大聖が単に真慈の至誠に感動したのではなく、この土地に因縁があったから、しばしば現れたのである」

といった。

いま国の人びとが神仙を弥勒仙花と呼び、媒介する人を未尸というのは、みな真慈の威風である。いまも路傍樹を見郎豐美また俗言では似如樹(または印如樹)という。

賛辞省略。

＊1度蝶　国家公認の得度で尼僧になった者に発行する証明書のこと
＊2原花　集団のリーダーのこと
＊3御　馬車を操る御者の術
＊4三師〔太師、太傅《たいふ》、太保〕　いずれも天子を助け導き、国政に参与する者のこと
＊5冥感　知らないうちに神仏が感応して加護や利益を授けること　『三国遺事・上・下』（三一書房／一九七五年）下の63～66頁。脚注は筆者〕

以上から分かるのは、新羅が弥勒信仰の国だったということである。これは高句麗、百済、倭が華厳信仰だったのとは、異なる点である。大和朝廷は百済から仏教を導入したので、当然のごとく華厳信仰であった。奈良の東大寺は、日本の華厳宗の総本山である。

華厳信仰は、鎮護国家を主な目的にした。宗教が鎮護国家を目的にするときというのは、それが民族自決のために使われていたことを示す。明治維新の時に明治政府が行った国家神道も、宗教を民族自決のために利用した例であった。

民族自決の宗教は、すべては民族のために優先される。兵に対しては、死んだら浄土に

行くことを国家が保証してやるから、安心して死ね、というものであった。戦前の国家神道も靖国に行けるから、安心して死ねと国民に宣伝した。

これに対して弥勒信仰というのは、弥勒菩薩が当初その願掛けをしたように、総ての者が救われるのを見てから、自分が一番最後に救われよう、という考え方である。戦場では、どちらの考えで戦う者の方が強いかといえば、弥勒信仰であろう。他人を生かすために喜んで死ぬ者は、単に自分一人が救われて浄土に生まれ変わることを願っている者とは違い、死ぬに足る理由を持っている。なぜ死ななければならないかを知らない者よりも、死ななければならない理由を知っている者の方が、強いと筆者は思う。

武器に優劣がない場合、戦争は兵の士気で決まる。竹槍と原子爆弾では、竹槍を持っている者の士気がどれだけ高かろうと、竹槍が原子爆弾に勝つことはない。しかし互いに刀と槍と弓しか持っていなければ、兵の士気が大いにものをいう。この点において、新羅の弥勒信仰は百済や高句麗の華厳信仰よりも士気を高める作用があっただろう。

ついで花郎というのは、弥勒がこの世に現れるときの姿であるということで、弥勒が仙花をした男の子という意味だと知れる。弥勒菩薩像は法隆寺の像を見ても分かるとおり、男性でありながら、実に女性的である。だから新羅人は、弥勒菩薩は女性のように美しい男の子の姿で現れると考えたのであろう。こうしたことから、この話には日本の稚児や禿などを好む破戒僧の影が垣間見える。神仙が弥勒菩薩の形をして現れてくるという考え方、あるいは弥勒菩薩が神仙の形をするという考え方からは、後の日本の本地垂迹説と同様の考え方がすでに新羅にあったことが知れる。そして「未尸」というのは、その役割からすれば「ムーダン（巫女）」のことであるから「未尸」という言葉は現代語「ムーダン」の古語であると推測できる。発音は漢字の音を借りたのであれば「ミシ」だが訓読みをしていたとするなら、その音は不明である。

花郎というシステムは、もとは女性だけのもので、そこで嫉妬による殺人事件があったから、一度は廃止したものの、やはり人を選ぶにはこの方法が良いから、男子について行うようになった、としているが、筆者はこれは疑わしいと思っている。

おそらく初めは男女ともに若衆宿のようなものがあったのである。しかし女性の方で事件があったので、そちらは止めにし、男性だけは続けたということでは無いだろうか？この風習は倭人の風習だと思う。そして男色らしい雰囲気を感じるのは、そういう習慣があったからだろう。現代のタイなど南方の国の男色率がそれ以外の国よりも高いのかどうかは知らないが、少なくとも西欧よりは大してタブー視されてない、という印象を受ける。倭人の伝統を持つ日本でも織田信長や徳川家光が男色であったといわれているように、その伝統はこっそり続いていた。

疑問に思うことは、高句麗や百済では、なぜ花郎が生まれなかったのか、ということである。理由の第一は、華厳信仰であったということ。今ひとつは、男色は扶余人の社会ではタブーであったから、タブーを犯す者は、差別され、いじめの対象になった、ということである。タブーの処理の仕方が、高句麗、百済と新羅とでは違っていた、というのがその原因ではないだろうか？

新羅の扶余人はなぜ男色の者を差別し、いじめの対象にしなかったのだろうか？ タブーの処理の仕方に差を生じさせた原因は何だったのだろうか？

ここでアイヌ人の登場である。大陸の先住民であるアイヌ人は、扶余人が押し寄せてきて、どんどん辺鄙な所に住まざるを得なくなった。寒くて不便な北方に追いやられたのが現代のゴリド族であり、半島に逃げ込んで交通の不便なところで生き残っていたのが、新羅のアイヌ人だっただろうと想像する。彼らはタブーを共有する文化を持っていた。それで扶余人のように男色をする者を差別しなかった。アイヌ人は男色者の被差別部落を作らず、皆で仲良くした。筆者はそう推測する。

この結果、花郎という若衆組織が生き続け、そこに弥勒信仰の、他人のために死ぬという精神がたたき込まれて、きわめて戦闘力の高い軍事集団ができあがったのではないだろうか。新羅を強くした根本は、花郎というシステムができるまで、新羅の主流の価値観がアイヌ人的だったからだ、と思うのである。だからその後扶余人が大量に流入して新羅が扶余語を話す国になっても、花郎というシステムは維持され、「三国統一」の原動力になったのである。

朝鮮民族が昔から単一民族であったなら、新羅で花郎は発生しなかっただろう。

新羅が高句麗を倒す頃、扶余族の文化や言語だけを用いる、現代朝鮮人の基本形が、やっとできたのである。それまで朝鮮民族は多民族で構成されており、決して単一民族ではなかったのである。

付け加えておくが、こう書いたからといって、筆者は、アイヌ人が差別をしない民族だったというつもりはない。例えばユーカラと呼ばれるアイヌ神謡を日本語に翻訳した片山龍峯氏の『「アイヌ神謡集」を読み解く』（草風館／二〇〇三年）に収録されている「シマフクロウ神が自ら歌った謡」をみると、貧乏で貧しい格好をした者がいじめられている。人間は差別する動物である。アイヌ人は扶余人とそのタブーの処理の仕方が違っていたというだけであって、アイヌ人が差別をしない民族だった、ということでは決してない。アイヌ人でも倭人でも扶余人でも差別する者は差別をするし、また、まったく差別をしない公平な人間もいるのである。差別は民族によるのではなく、その人の人格によるものだというのは、これはまた至極当たり前のことである。

ただアイヌ人は、組織的に差別をするための被差別民を必要としなかったという点において、扶余人や倭人よりも差別の少ない民族だったといえるだろう。扶余人は朝鮮において白丁《ペクチョン》という被差別民を作り、倭人は日本において穢多《えた》と呼ばれる被差別民を作った。自分たちのけがれを他者に押しつけて自分だけきれいでいようという発想は、公害を世界中にばらまいて自分だけきれいでいようというのと同じで、いずれ汚い空気や汚染された水が自分の所に戻ってしっぺ返しを食らうのが落ちである。現代社会では通用しない発想である。アイヌの知恵に学ぶべき時だろう。

余談である。近年の韓流ブームで、韓国のドラマが日本でも放映されるという、我々の世代では夢想だにしなかった事態が起こっている。先日偶然に見た一場面に、何か縁起の悪い物があり、それを登場人物が「土間の下にでも埋めて、皆に踏ませればいい」といったシーンがあった。アイヌ人の風習が、現代の韓国にも残っているということを知り大いに驚いた。何という番組で、どこの地方の話だったかは覚えてないが、筆者の推測は間違っていなかったと、心強く思った次第である。

あとがき

若い頃から歴史についていろいろと疑問を持っていた。しかし世の中には、筆者の疑問に答えてくれるだけの本が無かった。自分なりに研究し、いろいろと推測したりしていたが、これぞ、という考えは浮かばなかった。だから、自分が生きている間に、自分の疑問が解けることはないだろうと半ば諦めていた。

しかし五〇も過ぎたころ網野善彦先生の日本史に関する一連の著作を読んで、次々と疑問を解くことができた。朝鮮にもアイヌ人が居たに違いないと気づいたことで、花郎が新羅だけで組織された理由も、新羅が生き残った理由も分かった。なにより朝鮮人が単一民族ではない、という当たり前のことに気がつけたことが大きかった。

まさか自分が生きている内に自分の疑問が解けるなどとは夢にも思ってなかっただけに、こんなこともあるのかと、驚きつつも感謝するばかりである。今回の著作に引用させていただいた諸先生方にも感謝している。いろんな先生方の研究のおかげで、自分も考えをまとめることができた。

今回の著作には、韓国語の知識が役に立った。そんな韓国語を自分ができるようになったのは、完全に後ろ向きの発想からだった。

日本の統治システムは、在日コリアンが身分証明書を家に忘れただけで強制送還できる、というものだった。そういう日本の制度についての解説書を中学生の時に読んで、死刑宣告を受けたようなショックを受けた。

自分がいま韓国に強制送還されると、言葉を知らず、知った人もないから飢え死にするしかない、と恐れおののいた。万が一の時に、日本の官憲にひれ伏して命乞いをする自分の姿が浮かんだ。それはまた、死にたくなるほど無様な姿だった。それで言葉の勉強を始めたが、日常では使わない言葉だからまったく進歩しなかった。それで大学を出ると働いて金を貯め、韓国に言葉を勉強に行った。

そうやって言葉を学んだのは、日本が身分証明書を忘れただけで強制送還するという、非人道的なことをするのなら、日本に土下座をしないで、

「やれるもんならやってみろ」

と、啖呵の一つも、切ってやりたかったからである。

愛国心でも愛族心でもなく、ただひたすら日本に頭を下げたくないがためだけに私は韓国語を勉強した。そうやってへそ曲がりで勉強したことが歴史を探る上では大いに役に立った。特に日本書紀を読むのに、これだけ韓国語の知識が有用だとは思わなかった。それにまさか「ニギリ（シバラ）」などという、朝鮮語で一番といってもいいぐらいの、汚い言葉が書かれていようとは、夢にも思わなかった。まったく人間何が役に立つか分かったものではない、とつくづく思う次第である。

後に知り合いになった辛淑玉《シンスゴ》さんが、どういうわけか歴史や民族について色々と聞いてくるので、聞かれるままに

「ああ、それはね」

などと話していたら、

「きすんちゃん、あんたの話は面白い」

といい、

「書いてみなさいよ」

と勧めてくれた。それまでは、答を見つけたことだけで満足していたので、こちらから

誰かに話したり、文章に書いてみたいという気は無かった。だから私の家族や友人でも、私の考えを知るものは居なかった。しかし彼女にヨイショされたことで、それならば、と書いてみた。淑玉《スゴ》さんは一読するや、

「これは本にしなければならない」

といい、色んな出版社と掛け合ってくれたが、どこも一様に、

「時期が悪い」

と日韓関係が冷え込んでいることを理由にして尻込みした。筆者は会計士をしているから、利益が見込めない本の出版をためらう出版社を非難する気にはなれない。それに在日をやって来たことから、淑玉さんとは正反対で、諦めることが身に染みついている。できた時ができる時だと、夢や希望は持たないようにして生きてきた。だから、まあ、そんなもんだろう、と思っていたら、フィールドワイから出してくれることになった。吉田隆社長には感謝するばかりである。担当の田中一寿さん、河野崇さんにもご苦労を掛けた。

色んなご縁でこの本が世に出ることになった。実に感慨深いものがある。買って下さった方々にも感謝申し上げたい。

著者経歴　李起昇《イキスン》

1952年　山口県、下関に生まれる。在日二世。母親は日本人。母親は結婚後、日本の当時の国籍法の定めにより韓国籍となった。以後、日本人でありながら在日韓国人として生きた。

1971年　福岡大学商学部入学。日本の大学はサラリーマンを養成するところであって、起業家を育成するところではなかった。失望して、小説家を目指す。公認会計士を目指したこともあったが、当時の資格ガイドブックには「外国籍の者には受験資格がない」と書いてあり諦めた。後に分かるが、ガイドブックは間違っていた。受験資格があるのに、わざわざ無いと書いていたのだった。偏見のなせる技だったし、その偏見を簡単に信じさせてしまう時代でもあった。

1976年　韓国の在外国民教育研究所に言葉と歴史を学ぶために留学。

1976年〜1981年　日本に戻り、民団青年会下関支部及び山口県本部の教育訓練部長をした。言葉と歴史を教えた。女子部長をしていた趙寿玉（チョウ　ス　オク）と結婚。

1981年〜1983年　民団中央本部勤務。趙寿玉は舞踊を本格的に習得すべく一年ほど韓国に留学した。その間李起昇は一人で日本にいて、民団に勤務していた。

1985年　「ゼロはん」で講談社の群像新人賞受賞。公認会計士試験に合格。「ゼロはん」は同年講談社より単行本として発刊された。

1987年　「風が走る」を雑誌群像に発表

1989年　「優しさは海」を雑誌群像に発表

1990年　「きんきらきん」を雑誌小説現代に、「西の街にて」を雑誌群像に発表

1990年〜1995年　「沈丁花」を雑誌群像に発表

中央監査法人のソウル駐在員として韓国の三逸会計法人に勤務する。家族とともに韓国で暮らした。趙寿玉は海外在住の韓国人としては初めて舞踊の人間国宝(重要無形文化財)第97号サルプリ舞(チュム)の履修者になった。趙寿玉は以後、舞踊家として活躍する。

1995年　「夏の終わりに」を雑誌群像に発表

1996年　公認会計士事務所開業

1999年　韓国電子(韓国一部上場会社)の社外取締役を2001年まで務める。

2000年　在日韓国人本国投資協会東京事務所長を務めた。

2000年〜2001年　民団中央本部21世紀委員会経済部会、部会長を務めた。商銀の銀行化案を作成し、提言した。

2002年　税理士登録をする。

2002年　日本公認会計士協会資産課税等専門部会専門委員を2004年まで務めた。

2004年～2012年　「パチンコ会計」発刊。独立開業してまもなく、パチンコのシステムを勉強する機会に恵まれた。分かってみると会計の専門家は今まで何もしてなかったのと協力してくれる出版社があったのとで、解説書を書いた。パチンコ関連の専門書は5冊刊行した。

2012年　小説の単行本「胡蝶」をフィールドワイから発刊。

2014年　民族について遊びながら学べる「韓国文化学習サイト」を立ち上げる。
https://kc-learning.com/　このサイトは、一世たちがいっていた、民族について知っていて当たり前ということを前提とせず、民族を知らなくて当たり前、という前提でくみ上げている。学ぶことが義務ではないから、ここでは民族に挫折することはない。韓国語を母語としない者には、このような理念に基づく文化を学ぶ仕組みが必要だと考えて作った。現在問題を作ってくれる人を募集中である。作る人も学ぶ人も共に楽しめる場にしたいと思っている。
いずれは英語版を作り、中国語版やロシア語版も作り、世界中のコリアンがコリアンで居たいと思ったときに、コリアンで居られるようにしたいと願っている。

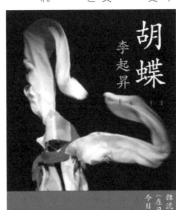

日本は韓国だったのか　韓国は日本だったのか

2016年　2月2日　初版発行

著者　李起昇

発行人　田中一寿

発行　株式会社フィールドワイ
〒101-0062　東京都千代田区神田駿河台3-1-9日光ビル3F
電話 03-5282-2211（代表）

発売　株式会社メディアパル
〒162-0813　東京都新宿区東五軒町6-21
電話 03-5261-1171（代表）

印刷・製本所　中央精版印刷株式会社

落丁・乱丁本はお取り替えいたします。

定価はカバーに表示してあります。

ISBN978-4-8021-3016-5　C0020

Printed in Japan